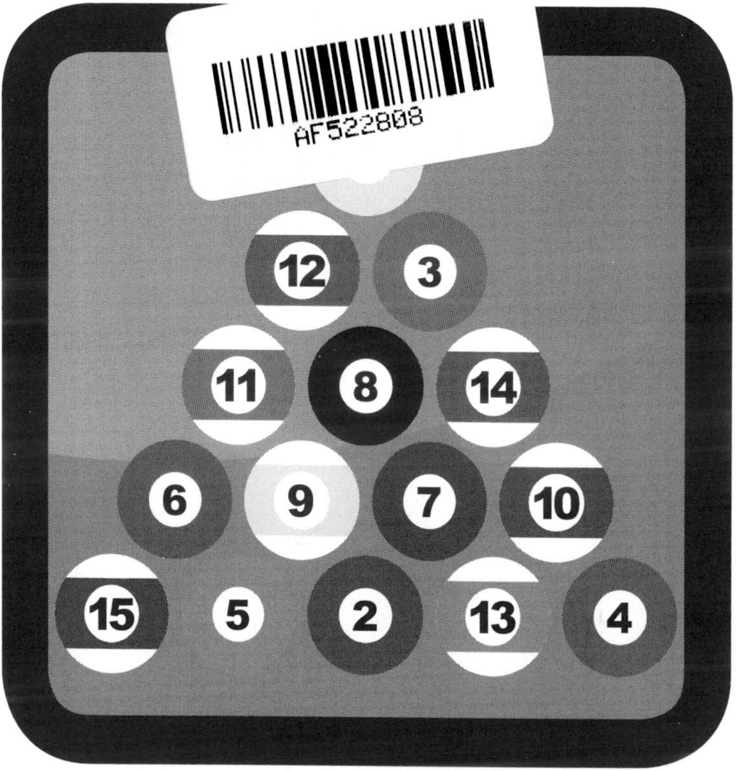

Poolbillard-Regeln

mit Kommentaren von EPBF Turnierleiter

Daniel Alvarez

Herausgegeben von Thomas Lindemann

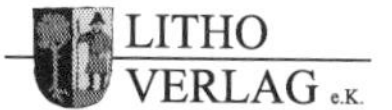

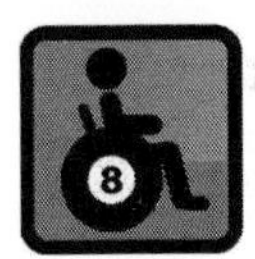

Litho-Verlag e.K. Wolfhagen

Alle Grafiken sofern nicht anders angegeben von
Thomas Lindemann

Die hier im folgenden abgedruckten Regeln entsprechen den in Deutschland eingesetzten Standardregeln, wie sie für den offiziellen Spielbetrieb und Wettkämpfe zum Einsatz kommen.

Weitere Informationen erhalten Sie auch unter:
www.billardregeln.de

ISBN Print: 978-3-941484-85-6

ISBN PDF-Ebook: 978-3-941484-86-3

ISBN Epub Ebook: 978-3-941484-87-0

Vorwort Autor

Liebe Freunde des Billards,
mit dem vorliegenden Billardregeln erhalten Sie nicht nur den aktuellen Stand, der vom Weltverband (WPA) über seine kontinentale Vertretung des Europaverbandes EPBF und des nationalen Billardverbandes (DBU) herausgegeben Pool-Billardregeln für alle Disziplinen in kommentierter Version. Trotz jahrelanger Verbesserung an Sprache und Definitionen von Wörtern und Begriffen ist es in vielen Bereichen ein Paragraphenwerk mit seiner eigenen Sprache. Die von mir ergänzten Kommentare sind kein offizieller Bestandteil des Regelwerks, sondern das Ergebnis von Rückfragen aus meiner jahrelangen Tätigkeit als Regelausbilder des Europaverbandes und Schiedsrichterobmann der DBU. Fragen, die nun hoffentlich erschöpfend geklärt sein sollten und zum besseren Verständnis der Regeln beitragen. Oder doch nicht? Schreiben Sie mir an regelfragen@billardregel.de. Ich freue mich auch auf Sie/Euch, wenn wir uns auf einem meiner Kurse in meiner Billardschule wiedersehen. Schauen Sie mal vorbei auf www.billardtraining.de

Ihr/Euer Daniel Alvarez,
Wuppertal August 2019

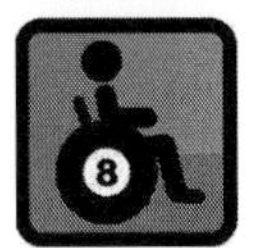

Vorwort Herausgeber

Was ist 8-Ball, 9-Ball oder gar 14/1 endlos? Schaut man in das Regelwerk so findet man hier keine schnelle Antwort wie: 8-Ball spielt man gegeneinander an einem Billardtisch, der am Rand 6-Löcher hat - Du die halben Kugel ich die Vollen, die schwarze Acht zum Schluss und wer die versenkt hat gewonnen - wer die Acht vorher versenkt hat verloren.

Sicher kann man nun noch eine Definition dazu legen, was ist eine halbe und was eine volle Kugel, aber ich denke das kriegt man intuitiv am Tisch auch noch hin. Aber schon zeigt sich das vieles genauer gefasst werden muss, und das hebt dann mal irgendwann von der Basis ab. Analog zum Fussball, dessen Spielweise jeder kennt und schnell versteht - hat das Regelwerk dann aktuell in der Saison 2013/14 schlappe 122 Seiten für eine Disziplin.

Ein Regelwerk ist wie ein Gesetzbuch: Paragraphen über Paragraphen türmen sich auf, gespickt mit Fachausdrücken, die man kaum noch versteht - Querverweise und Nachschlagen in anderen Werken inklusive. Doch dank Daniel Alvarez wird dies Regelwerk nun leichter verständlich und räumt die letzten verbliebenen Fragen noch aus. Ergänzt, und nicht Bestandteil der offiziellen Regeln, wird das Regelwerk durch eine von mir geschriebene Spielanlei-

tung, die einem Laien und Zuschauer schnell in die Materie einführen soll worum es bei der jeweiligen Disziplin im Pool-Billard nun auch geht.

Technisch haben wir die Querverweise in der elektronischen Publikation verlinkt, so dass man diese Werk als Ebook auf allen fähigen Endgeräten vom Handy, Tablet, PC bis zum Ebookreader ganz bequem und auch zielführend ohne viel zu blättern nutzen kann. Dazu viel Vergnügen.

Thomas Lindemann,
Wolfhagen August 2019

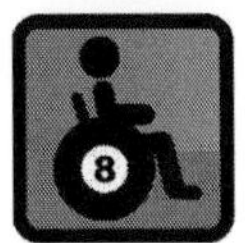

Inhaltsverzeichnis

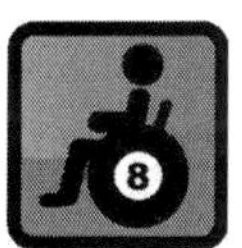

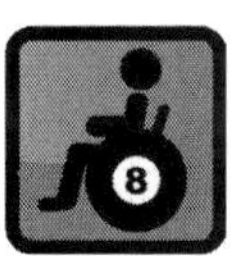

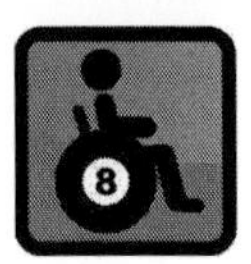

Spielanleitungen [1]

8-Ball

Das wohl geläufigste aller Spiele wird mit 15 nummerierten Kugeln und der Weißen gespielt. Ein Spieler hat die Vollfarbigen, Kugel 1-7, der andere die gestreiften Kugeln 9-15. Die schwarze Acht ist neutral. Der Spieler, der als erster die Kugeln seiner Farbe korrekt versenkt hat, darf auf die Acht spielen. Wird auch diese korrekt versenkt, ist das Spiel gewonnen. Zu Beginn werden die Kugeln zu einem Dreieck aufgebaut, wobei die Acht in die Mitte kommt. An den hinteren Ecken des Dreiecks muss jeweils eine Halbe und eine Volle liegen. Beim Anstoß müssen mindesten vier farbige Kugeln eine Bande anlaufen oder eine Kugel versenkt werden. Fällt eine Kugel, so darf der Spieler weiterspielen. Allerdings ist dann noch nicht festgelegt, welche Gruppe er spielen muss. Dies geschieht grundsätzlich dadurch, dass eine angesagte Kugel korrekt versenkt wird. Beim Achtball muss stets angesagt werden, welche Kugel in welches Loch versenkt werden soll. Bei jedem Stoß muss entweder eine Kugel korrekt versenkt werden, oder es muss nach der Karambolage eine Kugel eine Bande anlaufen. Bei einem Foul hat der

---

1 Die Spielanleitungen sind kein offizieller Bestandteil der Regeln, sondern wurden vom Herausgeber zum schnelleren Verständnis eingefügt.

Gegner „Ball in Hand“ und kann die Weiße legen, wo er will. Nach dem Break muss aus dem Kopffeld gespielt werden.

9-Ball

9-Ball ist die weltweit verbreitetste Poolbillarddisziplin, die nach einheitlichem Modus gespielt wird. Gespielt wird mit den Kugeln 1 bis 9 und der Weißen. Die farbigen Kugeln werden zu einer Raute aufgebaut, wobei die Eins an der vorderen Spitze und die Neun in der Mitte liegt. Ziel des Spiels ist es, die Neun mit einem korrekten Stoß in irgendeine Tasche zu versenken. Der Spieler, der am Tisch ist, muss stets die Kugel mit der niedrigsten Nummer zuerst anspielen. Versenkt er im Anschluss einen beliebigen Ball, darf er weiterspielen, ansonsten kommt der Gegner an den Tisch. Die Kugeln müssen nicht angesagt werden. Eine wichtige Sonderregel kann unmittelbar nach dem Eröffnungsstoß zum Tragen kommen, nämlich wenn der Spieler die Kugel mit der niedrigsten Nummer nicht direkt anspielen kann. Dann kann er „Push out“ spielen. Er darf die Weiße irgendwo hinspielen. Danach entscheidet der Gegner, ob er die Position selbst übernimmt oder demjenigen, der „Push-out“ gespielt hat, den Tisch überlässt. Fällt beim Eröffnungsstoß die Neun, so ist das Spiel gewonnen. Fällt die Neun während des Spiels, auch unbeabsichtigt, so ist das Spiel

ebenfalls gewonnen. Bei Foul gilt „Ball in Hand“ auf dem ganzen Tisch.

10-Ball

10-Ball ist erst vor einigen Jahren ins Programm der Disziplinen aufgenommen worden. Es entwickelte sich, weil die Zahl der wirklich guten 9-Ball-Spieler stetig stieg und man neue Herausforderungen suchte. Es ist eine Kombination aus 9-Ball und 8-Ball. Zur Eindämmung des Glücksfaktors, der für 9-Ball charakteristisch ist, muss beim 10-Ball jede Kugel für ein Loch angesagt werden. Ansonsten spielt man die Kugel der Reihenfolge ihrer Nummerierung mit der niedrigsten beginnend. Wer die 10 regelkonform versenkt hat gewonnen. Fällt beim Eröffnungsstoß die Zehn, so wird sie wieder aufgebaut. Eine wichtige Sonderregel kann unmittelbar nach dem Eröffnungsstoß zum Tragen kommen, nämlich wenn der Spieler die Kugel mit der niedrigsten Nummer nicht direkt anspielen kann. Dann kann er „Push out“ spielen. Er darf die Weiße irgendwo hinspielen. Danach entscheidet der Gegner, ob er die Position selbst übernimmt oder demjenigen, der „Push-out“ gespielt hat, den Tisch überlässt. Wenn man eine Kugel in ein nicht angesagtes Loch versenkt, so bleibt diese vom Tisch und der Gegner setzt das Spiel fort. Bei Foul gilt „Ball in Hand“ auf dem ganzen Tisch.

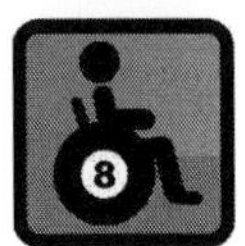

14.1 endlos

Bei diesem Spiel müssen ebenfalls Kugel und Tasche angesagt werden. Gespielt wird mit 15 farbigen Kugeln und der Weißen. Es gibt keine Reihenfolge, jede Kugel darf versenkt werden. Für jede versenkte Kugel gibt es einen Punkt und wer zuerst eine festgelegte Punktzahl erreicht hat, gewinnt das Spiel. Ein Spieler kann maximal 14 Kugeln versenken. Bevor die 15te und damit letzte auf dem Tisch befindliche Kugel, versenkt werden kann, werden die anderen 14 Kugeln wieder zu einem Dreieck aufgebaut, wobei die vordere Spitze des Dreiecks frei bleibt. Ist dies geschehen, wird das Spiel fortgesetzt. Es muss nicht zwingend die 15te Kugel gespielt werden. Aber es gilt, dass nach jeder Karambolage entweder eine Kugel versenkt oder aber eine Bande berührt werden muss. Beim Eröffnungsstoß muss entweder eine angesagte Kugel versenkt werden, oder es müssen zwei Farbige und die Weiße eine Bande berühren. Gelingt dies nicht, werden zwei Minuspunkte Strafe verhängt. Fällt die Weiße, muss aus dem Kopffeld gespielt werden. Für jedes Foul wird ein Punkt abgezogen. Bei drei Fouls in Folge werden 15 Punkte abgezogen und der Spieler muss einen neuen Eröffnungsstoß machen unter den Bedingungen wie zu Beginn des Spiels.

Fuss rechts Mitte rechts Kopf rechts

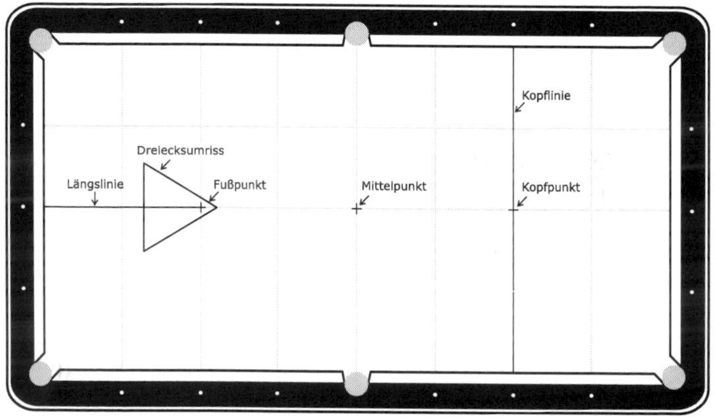

Fuss links Mitte links Kopf links

Die oben dargestellten Linien und Punkte müssen eingezeichnet sein [2].

---

2 Die Bezeichnungen der Löcher hat der Herausgeber hinzugefügt. Sie sind kein Bestandteil der offiziellen Regeln, aber eigentlich für die korrekte Ansage welche Kugel in welches Loch zwingend und unerläßlich.

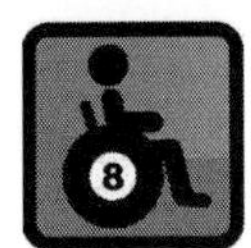

1. Allgemeine Poolbillard Regeln

(1) Die folgenden „Allgemeinen Poolbillard Regeln" haben für alle Disziplinen Gültigkeit. Teilweise können die „Allgemeinen Poolbillard Regeln" den spezifischen Regeln der einzelnen Disziplinen widersprechen. In solchen Fällen hat die spezifische Regel der jeweiligen Disziplin immer den Vorrang.[3]

(2) Poolbillard wird auf einem Tisch mit ebener Platte gespielt. Banden aus Gummi bilden einen Rahmen um den Spielbereich. Insgesamt sechs Aussparungen in den Banden markieren die Taschen. Die sich hieraus ergebende Spielfläche und die Gummibanden sind vollflächig mit einem für das Spiel geeigneten Tuch bezogen.[4]

(3) Gespielt wird mit einer Spielkugel („Weiße") und bis zu 15 Objektkugeln. Die Spieler verwenden Queues

---

3Das bedeutet, dass erst die Disziplinregeln und dann die Allgemeinen Regeln anzuwenden sind.

4Entscheidend ist der Begriff Spielfläche und nicht Tisch. Die Größe der Spielfläche ist in den Materialnormen festgelegt.

(Spielgeräte beim Billard), um mit der Spielkugel die Objektkugeln zu bewegen[5].

(4) Ziel des Spiels ist es, Objektkugeln in die Taschen zu versenken.

(5) Wie ein Spiel gewonnen wird und welche Objektkugeln dafür in welcher Reihenfolge versenkt werden müssen, regelt die spezifische Spielregel der jeweiligen Disziplin.

1.1 Verantwortlichkeit des Spielers

(1) Nimmt ein Spieler an einem Wettbewerb teil, liegt es in seiner eigenen Verantwortung, dass ihm rechtzeitig alle Regeln, Spielbestimmungen und Zeitpläne für diesen Wettbewerb bekannt sind.[6]

(2) Die mit der Organisation betrauten Turnieroffiziellen sind verpflichtet, nach bestem Wissen und Gewissen alle diesen Wettbewerb betreffenden Informationen so früh und vollständig wie möglich jedem Teilnehmer

---

5Der Begriff Spiel- und Objektball ist aus dem Regelwerk komplett gestrichen.

6Das bedeutet, dass der Spieler sich Informationen holen muss. Der Satz „Ich habe es nicht gewusst" gilt dann nicht.

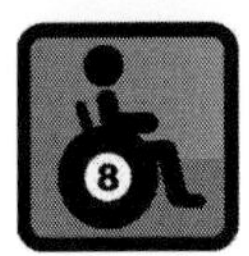

bekannt zu machen. Die letztendliche Verantwortung hierfür obliegt jedoch jedem Teilnehmer selbst.[7]

1.2 Ausstoßen des Anstoßrechts

(1) Das Ausstoßen ist der erste Stoß einer Partie und bestimmt die Reihenfolge des Anstoßens.[8]

(2) Derjenige Spieler, der das Ausstoßen gewinnt, bestimmt, wer den ersten Anstoß ausführt.[9]

(3) Der Schiedsrichter platziert zwei Kugeln auf dem Tisch. Beide Kugeln liegen im Kopffeld, hinter der Kopflinie, links und rechts des Kopfpunktes.[10]

(4) Die Spieler stoßen ungefähr gleichzeitig ihre Kugeln gegen die Fußbande, mit dem Ziel, dass sie, nachdem sie zur Ruhe gekommen sind, näher an der Kopfbande liegt, als die gegnerische Kugel.[11]

7Jede Turnierleitung ist schon aus Eigeninteresse bemüht, alle Informationen zu veröffentlichen. Aber auch hier gilt: Der Spieler ist selbst verantwortlich.

8Damit ist die Partie offiziell gestartet.

9Hier ist die einzige Möglichkeit, den Anstoß abzugeben (im Wechsel-Break Modus).

10 Bei einem Spiel ohne offiziellen Schiedsrichter machen das die beiden Spieler selber.

11 Dabei ist darauf zu achten, das z.B. Linkshänder auf der rechten Tischhälfte ausstoßen (und umgekehrt.)

(5) Das Ausstoßen ist regelwidrig und in jedem Fall verloren, wenn die eigene Kugel:[12]

a) über die gedachte Längsline, also in die Hälfte des Gegners läuft
b) die Fußbande nicht oder öfter als einmal berührt
c) in eine Tasche fällt oder vom Tisch springt
d) eine Seitenbande berührt
e) die Kugel innerhalb einer Ecktasche hinter deren Kante zum Liegen kommt
f) zusätzlich dazu gilt auch „*6.9 Sich noch bewegende Kugeln*" als Verlust des Ausstoßens.

(6) Das Ausstoßen muss wiederholt werden, wenn:[13]

a) ein Spieler seine Kugel erst dann spielt, nachdem die Kugel des Gegners bereits die Fußbande berührt hat
b) der Schiedsrichter nicht bestimmen kann, welche der beiden Kugeln näher zur Kopfbande liegt
c) beide Spieler eine Regelwidrigkeit beim Ausstoßen begangen haben.

---

12 Der Verlust des Ausstoßen ist auch direkt anzusagen.

13 Das gilt unabhängig davon, wer einen Verstoß zuerst begangen hat.

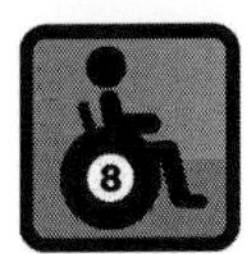

1.3 Art und Gebrauch der Ausrüstung

(1) Die Ausrüstung der Spieler muss den Anforderungen der Ausrüstungsspezifikationen der WPA[14] (DBU[15]) entsprechen.[16]

(2) Das Einführen bzw. der Gebrauch völlig neu entwickelter Ausrüstungsgegenstände ist grundsätzlich nicht erlaubt.[17]

(3) Ist ein Spieler im Zweifel darüber, ob der Gebrauch seiner Ausrüstung oder Teile davon den Regeln entspricht, so muss er vor Spielbeginn bei der Turnierleitung vorsprechen, um die Nutzung dieser Ausrüstung abzustimmen.[18]

(4) Jegliche Ausrüstung darf nur für den Zweck genutzt

---

14 WPA = World Poolbilliard Association - Weltverband des Billardsportes

15 DBU = Deutsche Billard Union - Deutscher Bundesverband des Billardsportes

16 Derzeit gibt es einen nur rudimentärem Materialnormenkatalog. Daran wird jedoch gearbeitet.

17 Das bedeutet, das die nicht genehmigte Einführung verboten ist. Alle neuen Gegenstände müssen von der DBU genehmigt werden. Analog dazu gilt die Genehmigung der WPA.

18 Sicher ist sicher.

werden, für den sie gedacht ist (siehe *„6.16 Unsportliches Verhalten“*).[19]

(5) Die nachfolgende Auflistung benennt die erlaubte Ausrüstung und beschreibt deren bestimmungsgemäßen Gebrauch:[20]

a) Queue – Ein Spieler darf mehrere Queues während seines Spiels einsetzen. In der Regel wechselt ein Spieler je nach Spielsituation zwischen Anstoß-Queue, Spiel-Queue und Jump-Queue. Er kann entweder eine eingebaute Verlängerung oder einen externen Aufsatz benutzen, um die Länge bzw. die Reichweite des eingesetzten Queues zu erweitern.

b) Kreide – Ein Spieler darf Kreide benutzen, um ein Abrutschen von der Spielkugel zu vermeiden. Die Nutzung von mitgeführter Kreide steht jedem Spieler frei, solange die Farbe seiner Kreide zu der des Tuches passt.

c) Hilfsqueue – Bestimmte Spielsituationen kön-

---

19 *Eine Queuehilfe muss entsprechend ihrer Bauweise benutzt werden, und nicht als Erhebung für die Führhand.*

20 *Es ist definitiv einfacher, genehmigte Gegenstände aufzuführen, anstatt alle verbotenen. Eine Brille ist natürlich auch erlaubt, obwohl sie nicht aufgeführt ist. Daher gilt hier: Gesunder Menschenverstand hilft immer.*

nen den Einsatz von Hilfsqueues erfordern. Ein Spieler darf bis zu maximal zwei Hilfsqueues gleichzeitig einsetzen. Der Einsatzzweck und die Anordnung sind Sache des Spielers. Er kann ein mitgeführtes Hilfsqueue benutzen, sofern dieses in seiner Bauart einem Standard-Hilfsqueue gleicht.

d) Handschuhe – Um mehr Stabilität und ein verbessertes Gleiten in seiner Queueführung zu ermöglichen, darf ein Spieler Handschuhe benutzen.

e) Puder – Der Einsatz von Puder ist zulässig. Es ist darauf zu achten, dass vernünftig Maß gehalten wird. Die Entscheidung hierüber liegt im Ermessen des Schiedsrichters.

1.4 Wiedereinsetzen von Kugeln

(1) Wieder einzusetzende Kugeln sind Objektkugeln, die auf Grund einer spezifischen Spielregel wieder in das laufende Spiel zu integrieren sind. Dies geschieht dadurch, dass eine solche Kugel auf die Längslinie (Fußlinie) zwischen Fußpunkt und Fußbande, auf den oder ersatzweise so nah wie möglich am Fußpunkt aufgesetzt wird. Es ist dabei darauf zu achten, dass

Kugeln, die diesen Vorgang behindern oder erschweren, nicht berührt oder gar bewegt werden.[21]

(2) Ist der Fußpunkt ganz oder teilweise besetzt, muss die wieder einzusetzende Kugel, sofern dies möglich ist, press an der Kugel aufgesetzt werden, die das Hindernis darstellt. [22]

(3) Sofern die Spielkugel das Wiedereinsetzen behindert, darf eine wieder einzusetzende Objektkugel nicht press an der Spielkugel aufgesetzt werden. Es ist ein minimaler, jedoch gut sichtbarer Abstand zu belassen.[23]

(4) Ist die Längslinie zwischen Fußpunkt und Fußbande vollständig besetzt, sind wieder einzusetzende Objektkugeln oberhalb des und so nah wie möglich am Fußpunkt auf der gedachten. Längslinie in Richtung Mittelpunkt aufzusetzen. [24]

---

21 *Dabei ist auf Präzision in der Positionierung der Kugeln zu achten.*

22 *Allerdings nur, wenn das Hindernis eine Objektkugel und nicht die Spielkugel ist.*

23 *Hierbei gilt der Satz: So nah wie das Material es zulässt. Wenn nicht besser geht, muss damit gelebt werden, was geht.*

24 *Hierbei wird die Objektkugel erst von der Seite aufgesetzt, um so nah wie möglich an das Hindernis aufzubauen,*

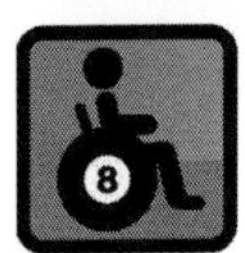

1.5 Lageverbesserung auf dem ganzen Tisch (Weiße „Ball in Hand")

(1) Hat ein Spieler „Ball in Hand" darf er die Spielkugel an einer beliebigen Stelle der gesamten Spielfläche (siehe *„8.1 Teile des Tisches"*) platzieren. Er darf die Spielkugel so lange verlegen oder neu platzieren, bis er eine Stoßbewegung ausführt (siehe Definition *„8.2 Stoß"*).

(2) Der Spieler darf sowohl mit der Hand als auch mit jedem Teil seines Queues, einschließlich der Pomeranze, die Spielkugel verlegen. Er darf jedoch keine nach vorne gerichtete Stoßbewegung dabei ausführen.[25]

(3) In bestimmten Spielsituationen oder auf Grund einer disziplinspezifischen Regel kann die Lageverbesserung (Weiße „Ball in Hand") auf das Kopffeld beschränkt sein. In diesen Fällen finden die Regeln *„6.10 Freie Lageverbesserung im Kopffeld"* und *„6.11 Spielen aus dem Kopffeld"* Anwendung.[26]

---

und dann von der Fußbande, um die Verlängerung der Fußlinie zu treffen.

25 *Das ist eindeutig, und immer noch so häufig unklar.*

26 *Dieses tritt immer nur in den Disziplinen 8-Ball (beim*

(4) Hat ein Spieler Lageverbesserung aus dem Kopffeld und alle regelkonform spielbaren Objektkugeln befinden sich im Kopffeld bzw. hinter der Kopflinie, kann der Spieler verlangen, dass die Kugel, die der Kopflinie am nächsten liegt, auf den Fußpunkt aufgesetzt wird.[27]

(5) Falls zwei oder mehr Objektkugeln gleichweit von der Kopflinie entfernt sind, darf der Spieler bestimmen, welche Objektkugel aufgesetzt wird.[28]

(6) Eine Objektkugel, die sich mit ihrem Mittelpunkt exakt auf der Kopflinie befindet, ist spielbar.[29]

1.6 Spiel mit Ansage

(1) Poolbillard ist grundsätzlich ein Ansagespiel (Ausnahme: 9-Ball). Ein Spieler muss immer sowohl die

---

Anstoßfoul Spielkugel gefallen) und im 14.1. (generell, wenn die Spielkugel fällt) auf.

27 *Der Spieler richtet diesen Wunsch an den Schiedsrichter der Partie, und dieser führt den Wunsch aus.*

28 *Welche der beiden (oder mehreren) Kugeln aufgesetzt wird, entscheidet der aufnahmeberechtigte Spieler. Das Aufsetzen macht der Schiedsrichter.*

29 *Diese wird mit einem Blick von oben auf die Kugel gemacht. Die Entscheidung kommt vom Schiedsrichter und ist erst einmal Tatsachenentscheidung.*

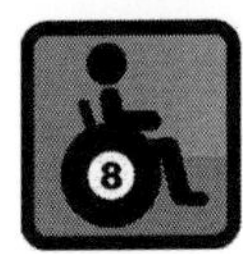

Objektkugel als auch die Tasche ansagen, es sei denn, beides ist offensichtlich.[30]

(2) Alle Details, wie die Anzahl der anzulaufenden Banden oder eventuelle Kombinationen mit anderen Objektkugeln, müssen nicht angesagt werden.

(3) Pro Stoß darf nur eine Objektkugel angesagt werden.[31]

(4) Um Missverständnisse im Vorfeld zu vermeiden, empfiehlt es sich, Objektkugel und Tasche deutlich anzusagen bzw. beides durch eindeutiges Zeigen zu definieren.[32]

(5) Sollten der Schiedsrichter oder der Gegner Zweifel daran haben, was der an der Aufnahme befindliche Spieler vor hat, so sind sie berechtigt, nachzufragen.[33]

(6) Bei Ansagespielen kann ein Spieler eine „Sicherheit"

---

30 *Damit muss jede Objektkugel und die entsprechende Tasche, bzw. jeder Save angesagt werden.*

31 *Gemeint ist damit: Pro Stoß darf nur eine Ansage erfolgen.*

32 *International hat sich eingebürgert, das man die Zahl der Kugel und mit dem Queue das Loch ansagt.*

33 *Und das sollte in einer Art und Weise geschehen, die angemessen ist.*

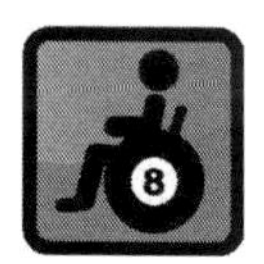

statt einer Objektkugel und einer Tasche ankündigen. In diesem Fall übernimmt der Gegner nach der Ausführung des Stoßes den Tisch.[34]

(7) Ob versenkte Objektkugeln nach einer „Sicherheit" wieder eingesetzt werden oder nicht, richtet sich nach den spezifischen Regeln der jeweiligen Disziplin.[35]

1.7 Zur Ruhe kommende Kugeln

(1) Eine Kugel, die augenscheinlich zur Ruhe gekommen ist, kann sich auf Grund von leichten Materialfehlern oder Verunreinigungen unerwartet doch noch mal bewegen. Dies liegt in der Natur des Spiels und muss hingenommen werden. Die Position der betreffenden Kugel wird nicht wieder hergestellt.[36]

(2) Fällt eine Kugel aus in Absatz (1) genannten Umständen in eine Tasche, ist diese Kugel so nah wie möglich zu ihrer letzten Position wieder einzusetzen.[37]

(3) Falls eine Kugel während oder kurz vor einem Stoß fällt und dies eine Auswirkung auf den Stoß hat, stellt

---

34 *Nur im 10-Ball kann bei einer bestimmten Situation die Aufnahme zurückwechseln.*

35 *Dieses passiert nur noch im 14.1.*

36 *Das ist für jeden gleich.*

37 *Was gemeint ist, wird am Tisch sehr deutlich.*

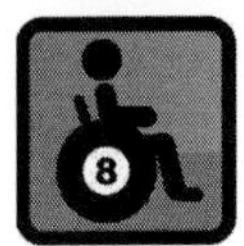

der Schiedsrichter die Position vor dem Stoß wieder her und der Stoß wird wiederholt.[38]

(4) Hat ein Spieler einen Stoß ausgeführt, während sich noch Kugeln aus in Absatz (1) genannten Umständen bewegt haben, wird er nicht bestraft (siehe auch Regel *„8.3 Versenkte Kugel“*).[39]

1.8 Wiederherstellung einer Position

(1) Falls Kugeln wieder eingesetzt oder gereinigt werden müssen, wird der Schiedsrichter alle Kugeln nach bestem Wissen und Gewissen auf ihren alten Platz zurücklegen.[40]

(2) Die Spieler müssen die Entscheidung des Schiedsrichters bezüglich der Platzierung der Kugeln akzeptieren.[41]

---

38 *Der berühmte Fall: 9 liegt vor der Tasche und fällt während des Rollens der Spielkugel in die Tasche.*

39 *Das wird sehr häufig falsch ausgelegt.*

40 *Das Wiederherstellen wird nur vom Schiedsrichter ausgeführt, da er der einzige in der Partie ist, der kein Foul begehen kann.*

41 *Natürlich muss das gemeinsam mit den Spielern geklärt werden, gerade wenn es keinen offiziellen Dritten Schiedsrichter gibt.*

1.9 Störung von außerhalb

(1) Sollte während eines Stoßes eine Störung von außerhalb eintreten, die sich, in welcher Weise auch immer, auf den Stoß auswirkt, wird der Schiedsrichter die Kugeln so aufbauen, wie sie vor dem Stoß gelegen haben und der Stoß wird wiederholt.[42]

(2) Für den Fall, dass die Störung keine Auswirkung auf den Stoß hatte, wird der Schiedsrichter alle Kugeln, die durch die Störung bewegt worden sind, in ihre ursprüngliche Position zurücklegen und das Spiel wird fortgesetzt.[43]

(3) Ist es nicht möglich, die ursprüngliche Position der Kugeln wieder herzustellen, wird das von der Störung betroffene Spiel als „Unentschieden" gewertet und wiederholt.[44]

1.10 Handhabung von Protesten

(1) Ist ein Spieler der Ansicht, dass der Schiedsrichter

---

42 *Dabei hält er sich an TZ. 1.8.*

43 *Hierbei müssen nur die Kugeln wieder hergestellt werden, die sich nicht bewegt haben.*

44 *Das ist eine Tatsachenentscheidung des Schiedsrichters und nicht anfechtbar.*

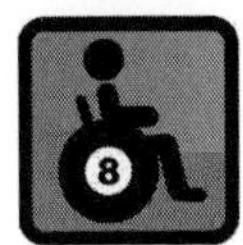

eine Fehlentscheidung getroffen hat, darf er diesen bitten, seine Entscheidung zu überdenken.[45]

(2) Die Tatsachenentscheidung eines Schiedsrichters ist endgültig.[46]

(3) Ist ein Spieler der Ansicht, dass der Schiedsrichter die Spielregel falsch anwendet oder auslegt, so hat er das Recht, Protest einzulegen. Der Protest wird vom nächsthöheren Organ behandelt.[47]

(4) Der Schiedsrichter unterbricht die Partie, während dieser Protest behandelt wird (siehe auch (*„6.16 Unsportliches Verhalten“* Abs. (3)).[48]

(5) Fouls müssen unverzüglich benannt werden (siehe *„6. Fouls“*).[49]

1.11 Aufgabe

(1) Wenn ein Spieler aufgibt, hat er das Spiel verloren.

45 Dabei ist es immer sinnvoller, auf den Ton zu achten. Erziehung gehört zu guten Miteinander im Sport.

46 Dabei gilt es erst einmal als Fakt.

47 Das gilt nur dann, wenn eine höhere Instanz erreichbar, bzw. vor Ort ist.

48 Dabei wird ein Spielqueue quer auf die Spielfläche gelegt, damit die Turnierleitung den Tisch als unterbrochen erkennt.

49 Das versteht ich von selbst.

(2) Beispiel für eine Aufgabe: Es wird als Aufgabe gewertet, wenn ein Spieler sein Spielqueue auseinander schraubt, während der Gegner am Tisch ist und eine mutmaßlich zum Spielgewinn führende Aufnahme spielt.[50]

1.12 Unentschieden

(1) Sollte der Schiedsrichter im Verlauf eines Spiels zu der Überzeugung gelangen, dass keiner der beiden Spieler einen ernsthaften Versuch unternimmt, das Spiel zu gewinnen, kündigt er an, das Spiel als „Unentschieden" zu werten.[51]

(2) Vom Zeitpunkt dieser Ankündigung an (siehe Absatz (1)) hat jeder Spieler noch drei Aufnahmen. Sollte nach Ansicht des Schiedsrichters nach Ablauf dieser drei Aufnahmen noch immer kein Fortschritt im Spielverlauf erkennbar sein, entscheidet er dieses Spiel „Unentschieden".[52]

---

50 Natürlich gilt hier eine berühmte und sehr wichtige Eigenschaft, nämlich Finger- spitzengefühl. Eine solche Entscheidung sollte mit sehr viel Erfahrung getroffen werden.

51 Dabei ist es wichtig, das er das beiden Spielern deutlich ankündigt.

52 Auch hier ist für einen Schiedsrichter extrem wichtig, eine Spielsituation richtig einzuschätzen.

(3) Sollten beide Spieler auf die erste Ankündigung des Schiedsrichters einvernehmlich den Verzicht auf die ihnen zustehenden drei Aufnahmen erklären, wird das Spiel unmittelbar hierauf abgebrochen und „Unentschieden" gewertet.[53]

(4) Die Verfahrensweise, die auf ein „Unentschieden" folgt, wird in den jeweiligen speziellen Spielregeln eines Spiels geregelt.[54]

---

53 *Damit kann der Schiedsrichter direkt nach der Akzeptanz beider Spieler abbrechen.*

54 *Dazu müssen die Disziplinregeln angewendet werden.*

2.9 - Ball

(1) 9-Ball wird neben der Spielkugel mit den neun Objektkugeln gespielt, die mit den Nummern 1-9 versehen sind.[55]

(2) 9-Ball ist kein Ansagespiel.[56]

(3) Die Objektkugeln sind in ihrer aufsteigenden numerischen Reihenfolge anzuspielen bzw. zu versenken. Es gewinnt der Spieler, der die 9 korrekt versenkt.[57]

2.1 Entscheidung über den Anstoß

(1) Der Spieler, der das Ausstoßen gewonnen hat, bestimmt, wer den ersten Anstoß ausführen darf (siehe *„1.2 Ausstoßen des Anstoßrechts“*).[58]

(2) Der Standard beim 9-Ball ist „Wechselbreak”. Das Anstoßrecht wechselt bei jedem neuen Spiel. In den

---

55 *Das heißt, es wird mit 10 Kugeln gespielt.*

56 *Damit entfallen alle Ansagen, außer die Ansage der 2 Fouls.*

57 *Dabei ist der Zeitpunkt, wann die 9 korrekt gesenkt wird, egal.*

58 *Hier ist nochmals genau erwähnt, wer über den Anstoß entscheidet.*

Regularien (Tz. 15. Reihenfolge des Anstoßens) werden jedoch Alternativen hierfür aufgezeigt.[59]

2.2 Der Aufbau beim 9-Ball

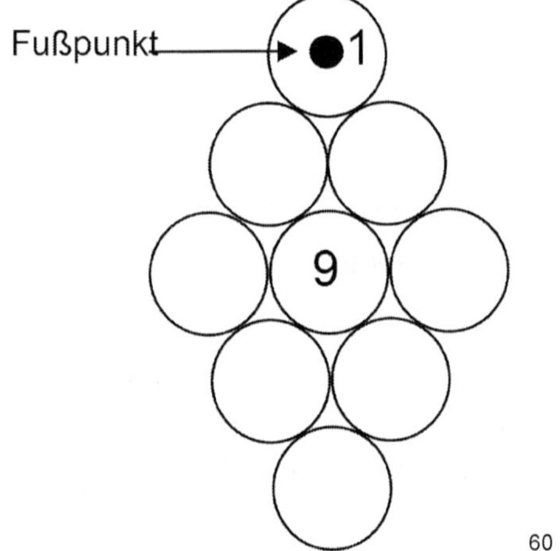

60

(1) Die Objektkugeln werden so eng aneinander wie möglich in der Form einer Raute aufgebaut, wobei die 1 an der vorderen Spitze und die 9 in der Mitte der Raute platziert werden. Die 1 liegt auf dem Fußpunkt.

---

59 In allen Bundesligen und auf allen von der DBU organisierten Turnieren gilt der Wechselbreak als Standard. Ausnahmen sind die Turniere, wo in der Ausschreibung ein anderes Anstoßrecht ausgeschrieben wird.

60 Die Grafik ist selbsterklärend. Mit Ausnahme der 1 und der 9 ist dieser Aufbau ein Beispiel und gilt nicht als Standard.

(2) Alle anderen Objektkugeln werden nach dem Zufallsprinzip aufgebaut. Es darf keinem absichtlichen Muster gefolgt werden (siehe auch Regularien Tz. 4. Aufbauhilfe („Template“)).

2.3 Korrekter Anstoß

(1) Folgende Regeln gelten für den Anstoß:[61]

a) Die Spielkugel wird aus dem Kopffeld gespielt.

b) Es muss zuerst die 1 getroffen werden.

c) Falls keine Objektkugel versenkt wird, müssen mindestens vier Objektkugeln an eine oder mehrere Banden laufen, oder der Stoß gilt als Foul (siehe auch Regularien Tz. 17. Bedingungen für den Anstoß).

(2) Wird zusätzlich mit der „Kitchen Rule“, d.h. 3-Punkte Regel gespielt und keine Objektkugel versenkt, müssen drei Objektkugeln das Kopffeld erreichen (also: die Kugel muss die Kopflinie zumindest berühren. Von der Draufsicht muss die Linie verdeckt sein = „break the line“ Regelung.) Ist die Voraussetzung

---

61 Als einzige Konsequenz für ein Anstoßfoul gibt es im 9-Ball „Ball in Hand“ auf der ganzen Spielfläche. Dabei ist zu berücksichtigen, das die Spielkugel NICHT press an die zu spielende Objektkugel aufgebaut werden darf.

nicht erfüllt, so betrachtet man das Break als „Dry Break“ (Siehe Regularien Tz. 18).

2.4 Zweiter Stoß des Spiels – „Push Out”

(1) Ist ein korrekter Anstoß gespielt worden kann der nun aufnahmeberechtigte Spieler entscheiden, ein „Push Out” zu spielen. Er muss diese Absicht dem Schiedsrichter mitteilen.[62]

(2) Während eines „Push Out” entfallen die Regeln *„6.2 Falsche Objektkugel“* und *„6.3 Keine Bande nach der Karambolage“* für diesen Stoß.[63]

(3) Ist ein „Push Out” regelkonform gespielt worden, kann der nun aufnahmeberechtigte Spieler den Tisch übernehmen und weiterspielen oder die Aufnahme zurückgeben.[64]

62 Dabei ist sicherzustellen, das die Ansage so laut ist, das der Schiedsrichter diese hört. Er wiederum muss diese so deutlich wiederholen, das eventuelle Zuschauer diese ebenfalls hören.

63 Damit darf ich alle Kugeln anspielen und brauche dabei keine Bande anspielen. Alle anderen Regeln gelten immer noch.

64 Dabei ist eine einmal getroffene Entscheidung bis zum eigentlich „runtergehen“ noch zu ändern. Ein einmal gespielter Stoß beendet die Änderungsmöglichkeit logischerweise.

(4) Wird die Aufnahme nach einem korrekt gespielten „Push Out" zurückgegeben, muss der Spieler, der das „Push Out" gespielt hat, den Tisch unverändert übernehmen und weiterspielen.[65]

2.5 Fortführung des Spiels

(1) Jede korrekt eingespielte Objektkugel berechtigt den Spieler, seine Aufnahme fortzusetzen (außer *„2.4 Zweiter Stoß des Spiels – „Push Out""*).

(2) Gelingt es einem Spieler, regelkonform die 9 zu versenken (außer bei einem „Push Out"), gewinnt er das Spiel. Versenkt er keine Objektkugel oder begeht er ein Foul, wechselt die Aufnahmeberechtigung zum Gegner.[66]

(3) Wurde kein Foul begangen, muss der nun aufnah-

---

65 *Er hat keine Möglichkeit mehr, die zurückgegebene Aufnahme wieder abzugeben. Sollte er nicht spielen wollen, so begeht er beim 1. Mal ein Standardfoul, beim 2. Mal begeht er ein unsportliches Verhalten und wird mit dem Verlust dieses Spiels bestraft und für den Rest des Turniers letztmalig verwarnt.*

66 *Dabei ist der Zeitpunkt unerheblich. Ob beim Anstoß (als sogenanntes As) oder während der Partie (als Kombination/Kiss Shot) oder als letzte Objektkugel, ist völlig unerheblich.*

meberechtigte Spieler die Lage unverändert übernehmen und weiterspielen.[67]

2.6 Wiedereinsetzen von Kugeln

(1) In der Disziplin 9-Ball wird keine Objektkugel wieder eingesetzt (Ausnahme: die 9).

(2) Die 9 wird wieder eingesetzt (siehe 1.4 Wiedereinsetzen von Kugeln), wenn sie in der Folge eines Fouls oder eines „Push Outs" versenkt oder vom Tisch gespielt wurde.

2.7 Standardfouls

(1) Begeht der an der Aufnahme befindliche Spieler ein Foul, wechselt die Aufnahme zum Gegner.[68]

(2) Die Spielkugel ist dem Gegner in die Hand zu geben. Er darf sie überall auf dem Tisch platzieren (siehe *„1.5 Lageverbesserung auf dem ganzen Tisch (Weiße „Ball in Hand")"*).[69]

---

67 Eine Weigerung hat hier dieselben Folgen wie bei 2.4(4).

68 Und zwar auf jeden Fall.

69 Deshalb heißt der Begriff „Ball in Hand". Nur bei Spielen unter Shot-Clock wird die Spielkugel auf die Spielfläche gelegt und mit der Ansage „Ball ist frei" freigegeben.

(3) Folgende Fouls sind Standardfouls in der Disziplin 9-Ball:[70]

a) *„6.1 Spielkugel fällt in eine Tasche oder springt vom Tisch“*

b) *„6.2 Falsche Objektkugel“* - Die erste Objektkugel, die von der Spielkugel berührt wird, muss immer die Kugel mit der niedrigsten Nummer sein, die sich noch auf dem Tisch befindet.

c) *„6.3 Keine Bande nach der Karambolage“*

d) *„6.4 Kein Fuß auf dem Boden“*

e) *„6.5 Kugeln, die vom Tisch springen“* - Die einzige Kugel, die wieder eingesetzt wird, wenn sie vom Tisch gesprungen ist, ist die 9.

f) *„6.6 Berühren der Kugeln“*

g) *„6.7 Durchstoß / Press liegende Kugeln“*

h) *„6.8 Schieben der Spielkugel“*

i) *„6.9 Sich noch bewegende Kugeln“*

j) *„6.10 Freie Lageverbesserung im Kopffeld“*

k) *„6.12 Queue auf dem Tisch“*

l) *„6.13 Spielen ohne Aufnahmeberechtigung“*

m) *„6.15 Zeitspiel“*

---

70 Alle diese Fouls zählen zu der 3-Foul-Strafe, wobei bei einigen die Art und Weise der Durchführung entscheidet, ob darüber hinaus auch eine Unsportlichkeit vorliegt.

2.8 Schwerwiegende Fouls

(1) Die Strafe für drei Fouls gemäß Regel („*6.14 Drei aufeinander folgende Fouls*“) ist der Verlust des Spiels, in dem die Strafe zu verhängen ist.[71]

(2) Für ein Foul gemäß Regel („*6.17 Unsportliches Verhalten*“) wird der Schiedsrichter, unter Berücksichtigung der besonderen Art des Fouls, eine angemessene Strafe verhängen.[72]

2.9 Unentschieden

(1) Wertet der Schiedsrichter ein Spiel als „Unentschieden”, wird das Spiel neu begonnen.[73]

(2) Der Spieler, der ursprünglich das als „Unentschieden” gewertete Spiel angestoßen hat, stößt erneut an (siehe „*1.12 Unentschieden*“).

---

71 Das ist die Mindeststrafe.

72 Und das ist dem Schiedsrichter überlassen. In „normalen“ Begegnungen gehört für diese Entscheidung eine Menge Fingerspitzengefühl. Am besten überträgt man die Entscheidung in diesem Fall der nächsthöheren Instanz.

73 Und zwar in diesem Falle wird das Spiel komplett gestrichen und mit dem Wechselbreak fortgefahren, wie vor diesem Spiel.

3. 8-Ball

(1) 8-Ball wird mit 15 nummerierten Objektkugeln und der Spielkugel gespielt.[74]

(2) Die jeweilige Gruppe eines Spielers (1 bis 7 oder 9 bis 15) muss vollständig in den Taschen versenkt sein, bevor er versuchen darf, die 8 zu versenken, um zu gewinnen.

(3) 8-Ball ist ein Ansagespiel.[75]

3.1 Entscheidung über den Anstoß

(1) Der Spieler, der das Ausstoßen gewonnen hat, bestimmt, wer den ersten Anstoß ausführen darf (siehe *„1.2 Ausstoßen des Anstoßrechts“*).[76]

(2) Der Standard beim 8-Ball ist „Wechselbreak”. Das Anstoßrecht wechselt bei jedem neuen Spiel. In den Regularien (Tz. 15. Reihenfolge des Anstoßens) werden jedoch weitere Alternativen hierfür aufgezeigt.[77]

---

74 *Es wird insgesamt mit 16 Kugeln gespielt.*
75 *Und zwar Kugel und Tasche, und sonst nichts.*
76 *Hier ist nochmals genau erwähnt, wer über den Anstoß entscheidet.*
77 *In allen Bundesligen und auf allen von der DBU or-*

3.2 Der Aufbau beim 8-Ball

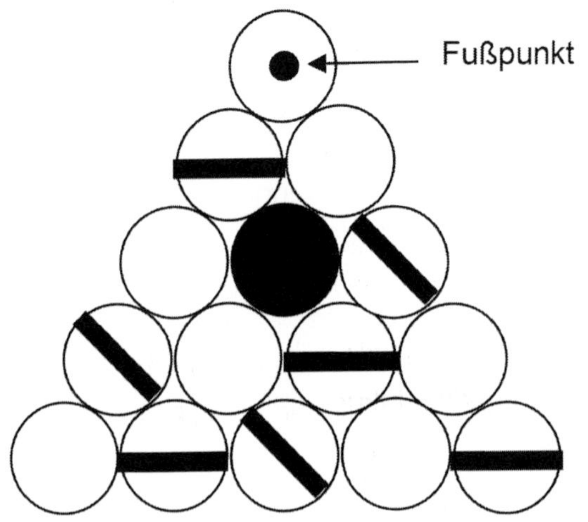

(1) Die 15 Objektkugeln werden so eng wie möglich zu einem Dreieck aufgebaut, wobei die vorderste Kugel auf dem Fußpunkt liegt.[78]

(2) Die 8 ist die erste Kugel, die in der direkten Linie hinter der vordersten Kugel liegt (Mitte des Dreiecks).

ganisierten Turnieren gilt der Wechselbreak als Standard. Ausnahmen sind die Turniere, wo in der Ausschreibung ein anderes Anstoßrecht ausgeschrieben wird.

78 *Die Grafik ist selbsterklärend. Zu erwähnen ist noch, das dieser Wechsel von Halb- und Vollfarbigen Objektkugeln den „fairsten“ Verteilungsgrad auf der Spielfläche gewährt. Bis auf die „8“ und die beiden Eckkugeln ist dieser Aufbau jedoch nur ein Beispiel.*

(3) Eine Kugel aus jeder der beiden Gruppen wird an den hinteren Ecken des Dreiecks positioniert.

(4) Alle anderen Kugeln werden nach dem Zufallsprinzip ohne absichtliche Anordnung aufgebaut.

3.3 Der Anstoß

Die folgenden Regeln werden auf den Anstoß angewendet:[79]

a) Die Spielkugel wird aus dem Kopffeld gespielt.

b) Keine Objektkugel muss angesagt werden. Die Spielkugel muss keine bestimmte Objektkugel zuerst treffen.

c) Versenkt der anstoßende Spieler eine oder mehrere Objektkugeln, ohne dabei ein Foul zu begehen, verbleibt er an der Aufnahme. Der Tisch ist „offen" (siehe *„3.4 Offener Tisch / Wahl der Gruppe"*).

d) Wird keine Objektkugel versenkt, müssen mindestens vier Objektkugeln eine oder mehrere Banden anlaufen oder der Anstoß ist regelwidrig. Ist dies der Fall, hat der dann aufnahmeberechtigte Spieler folgende Optionen:

---

79 Diese Textziffer ist im Prinzip selbsterklärend. Man muss sich diesen Text nur langsam um ruhig durchlesen, und nach jedem Unterbuchstaben eine kleine Pause einlegen.

- er kann die Situation so übernehmen, wie sie ist
- er kann wieder aufbauen lassen und einen neuen Anstoß ausführen
- er kann wieder aufbauen und den Gegner einen neuen Anstoß ausführen lassen.

e) Wird die 8 bei einem korrekt ausgeführten Anstoß versenkt, so ist dies kein Foul. Der Spieler hat folgende Optionen:

- er kann die 8 wieder aufbauen lassen und die Situation so übernehmen, wie sie ist
- er kann einen neuen Anstoß ausführen.

f) Wird beim Anstoß die 8 versenkt und die Spielkugel fällt ebenfalls in eine Tasche, ist dies ein Foul (siehe Definition in *„8.6 Versenken der Spielkugel oder „Scratch“*“). Der Gegner hat folgende Optionen:

- er kann die 8 wieder aufbauen lassen und mit Lageverbesserung aus dem Kopffeld
- weiterspielen
- er kann selbst einen neuen Anstoß ausführen.

g) Wenn beim Anstoß eine Objektkugel vom Tisch springt, so gilt dies als Foul. Diese Kugel bleibt aus dem Spiel (außer die 8, sie wird wieder eingesetzt). Der dann aufnahmeberechtigte Spieler hat folgende Optionen:

- er kann die Situation so übernehmen, wie sie ist
- er kann mit Lageverbesserung aus dem Kopffeld weiterspielen.

h) Wenn der Spieler beim Anstoß ein Foul begeht, welches nicht in diesem Abschnitt aufgeführt ist, kann der Gegner

- die Situation übernehmen, wie sie ist
- mit Lageverbesserung aus dem Kopffeld weiterspielen.

3.4 Offener Tisch / Wahl der Gruppe

(1) Bevor die Gruppen den Spielern zugeordnet sind, spricht man von einem „offenen Tisch".[80]

---

80 Und das ist auch dann noch der Fall, wenn man beim Anstoß alle Kugeln einer vorhanden Kugelgruppe gesenkt hat.

(2) Ein Spieler muss vor jedem Stoß seine Absicht ansagen.[81]

(3) Wenn der Spieler eine angesagte Objektkugel korrekt versenkt, übernimmt er die entsprechende Gruppe und sein Gegner hat folglich die verbliebene Gruppe. Gelingt es ihm nicht, die angesagte Objektkugel zu versenken, bleibt der Tisch offen und die Aufnahme wechselt zum Gegner.

(4) Ist der Tisch offen, darf jede Objektkugel als Erste angespielt werden außer der 8. Das direkte Anspielen der „8“, solange sich noch Objektkugeln beider Gruppen auf der Spielfläche befinden, wird als Standardfoul gewertet.[82]

3.5 Fortführung des Spiels

Ein Spieler bleibt so lange an der Aufnahme, wie es ihm gelingt, angesagte Objektkugeln korrekt zu versenken oder bis er das Spiel gewinnt.

3.6 Spiel mit Ansage

(1) Bei jedem Stoß mit Ausnahme des Anstoßes, müs-

---

81 Logisch, denn 8-Ball ist ja bekanntlich ein Ansagespiel.

82 Auch hier sollte es keine Fragen geben. Der Zusatz aus den Regularien ist zu beachten.

sen die Objektkugel und die Tasche, wie in „„*1.6 Spiel mit Ansage*“" erklärt, angesagt werden.

(2) Der aufnahmeberechtigte Spieler darf die 8 erst ansagen, nachdem alle Objektkugeln seiner Gruppe versenkt wurden.

(3) Ein Spieler kann eine „Sicherheit" ansagen. Dabei wechselt die Aufnahme nach der Beendigung des Stoßes zum Gegner und alle Objektkugeln, die versenkt wurden, bleiben aus dem Spiel (siehe *„8.17 Sicherheitsstoß“*).

3.7 Wiedereinsetzen der Objektkugeln

(1) Wenn die 8 während des Anstoßes versenkt wird oder vom Tisch springt, wird sie wieder eingesetzt oder alle Objektkugeln werden neu aufgebaut (siehe *„3.3 Der Anstoß“* und *„1.4 Wiedereinsetzen von Kugeln“*).[83]

(2) Keine andere Objektkugel wird wieder eingesetzt.

---

83 *Das bedeutet entweder oder, aber nicht beides.*

3.8 Verlust des Spiels

(1) Ein Spieler verliert das Spiel, wenn er [84]

a) ein Foul begeht, während er die 8 versenkt
b) die 8 versenkt, solange sich noch eine oder mehrere Objektkugeln seiner Gruppe auf dem Tisch befinden
c) die 8 in eine nicht angesagte Tasche versenkt
d) die 8 vom Tisch springen lässt.

(2) Diese Punkte gelten nicht für den Anstoß (siehe „*3.3 Der Anstoß*“).

3.9 Standardfouls

(1) Begeht der an der Aufnahme befindliche Spieler ein Foul, wechselt die Aufnahme zum Gegner.[85]

(2) Die Spielkugel (Weiße „Ball in Hand”) ist dem Geg-

84 Hierbei ist zu beachten, das der Stoß auf die „8“ in dem Moment beendet ist, wenn alle Kugeln auf dem Tisch zur Ruhe gekommen sind. Alle anderen Punkte sollten klar sein.

85 Im 8-Ball gibt es keine 3-Foul Strafe, daher ist die Anzahl der Fouls unerheblich und führt nicht direkt zum Verlust des Spiels. Alle Fouls, die hier aufgeführt sind, führen grundsätzlich zu der „Ball in Hand“ Bestrafung. Lediglich die Art und Weise wie das Foul passiert, kann zu einem schwerwiegenden Foul führen.

ner in die Hand zu geben. Er darf sie überall auf der Spielfläche platzieren (siehe *„1.5 Lageverbesserung auf dem ganzen Tisch (Weiße „Ball in Hand")"*).

(3) Folgende Fouls sind Standardfouls in der Disziplin 8-Ball:

a) *„6.1 Spielkugel fällt in eine Tasche oder springt vom Tisch"*

b) *„6.2 Falsche Objektkugel"* - Die erste Objektkugel, die durch die Spielkugel berührt wird, muss immer der eigenen Gruppe des Spielers zugehörig sein. Ausnahme: Offener Tisch (siehe *„3.4 Offener Tisch / Wahl der Gruppe"*).

c) *„6.3 Keine Bande nach der Karambolage"*

d) *„6.4 Kein Fuß auf dem Boden"*

e) *„6.5 Kugeln, die vom Tisch springen"* (siehe *„3.7 Wiedereinsetzen der Objektkugeln"*)

f) *„6.6 Berühren der Kugeln"*

g) *„6.7 Durchstoß / Press liegende Kugeln"*

h) *„6.8 Schieben der Spielkugel"*

i) *„6.9 Sich noch bewegende Kugeln"*

j) *„6.10 Freie Lageverbesserung im Kopffeld"*

k) *„6.11 Spielen aus dem Kopffeld"*

l) *„6.12 Queue auf dem Tisch"*

m) *„6.13 Spielen ohne Aufnahmeberechtigung"*

n) *„6.15 Zeitspiel“*

3.10 Schwerwiegende Fouls [86]

(1) Die Fouls, die unter *„3.8 Verlust des Spiels“* beschrieben werden, bedeuten den Verlust des gegenwärtigen Spiels.

(2) Für ein Foul gemäß Regel *„6.17 Unsportliches Verhalten“* wird der Schiedsrichter, unter Berücksichtigung der besonderen Art des Fouls, eine angemessene Strafe verhängen.

3.11 Unentschieden

(1) Wertet der Schiedsrichter ein Spiel als „Unentschieden”, wird das Spiel neu begonnen.[87]

(2) Der Spieler, der ursprünglich das als „Unentschieden” gewertete Spiel angestoßen hat, stößt erneut an (siehe *„1.12 Unentschieden“*).

---

86 Und das ist dem Schiedsrichter überlassen. In „normalen“ Begegnungen gehört für diese Entscheidung eine Menge Fingerspitzengefühl. Am besten überträgt man die Entscheidung in diesem Fall der nächsthöheren Instanz.

87 Und zwar in diesem Falle wird das Spiel komplett gestrichen und mit dem Wechselbreak fortgefahren, wie vor diesem Spiel.

4.14.1 endlos

(1) 14.1 endlos, auch bekannt als „Straight Pool", wird mit 15 nummerierten Objektkugeln und der Spielkugel gespielt.[88]

(2) 14.1 endlos ist ein Ansagespiel.[89]

(3) Jede Objektkugel, die regelgerecht versenkt wurde, zählt einen Punkt.

(4) Derjenige Spieler, der als erster die vorher bestimmte Punktzahl erreicht hat, gewinnt das Spiel.[90]

(5) Sind 14 Objektkugeln versenkt, wird das Spiel unterbrochen. Die 15te Objektkugel und die Spielkugel verbleiben in ihren Positionen, die versenkten 14 Objektkugeln werden wieder aufgebaut. Der an der Aufnahme befindliche Spieler setzt seine Aufnahme fort.[91]

---

88 Auch hier wird mit 16 Kugeln gespielt.

89 Und zwar Kugel und Tasche.

90 In den Bundesligen der DBU liegen diese Punktzahlen derzeit bei: 1. BuLi: 125 Punkte; 2. BuLi: 125 Punkte; 3. BuLi: 125 Punkte (Regionalliga)

91 Die Aufbausituationen sind am besten zu erklären, wenn man diese auf einem Tisch zeigt.

4.1 Entscheidung über den Anstoß

(1) Der Spieler, der das Ausstoßen gewonnen hat, bestimmt, wer den ersten Anstoß ausführt (siehe *„1.2 Ausstoßen des Anstoßrechts“*).[92]

4.2 Der Aufbau beim 14.1 endlos

(1) Für den Eröffnungsstoß werden die 15 Objektkugeln zu einem Dreieck aufgebaut, wobei die vorderste Objektkugel auf dem Fußpunkt liegt.

(2) Bei jedem neuen Aufbau ist der Fußpunkt frei zu lassen, sofern mit nur 14 Objektkugeln wieder aufgebaut wird.

(3) Maßgeblich zur Bestimmung der Lage von Kugeln ist die auf dem Tisch eingezeichnete Markierung des Dreiecks. [93] Die gilt auch, wenn der Tisch “getapped” wurde.

---

92 *Nach der Entscheidung darf sich derjenige, der anstoßen soll, nicht weigern, da er sonst beim ersten Mal mit einem unsportlichem Verhalten und beim zweiten Mal mit Disqualifikation bestraft wird.*

93 *Das Dreieck ist eine der 7 Pflichtmarkierungen.*

4.3 Eröffnungsstoß

(1) Folgende Bedingungen gelten für den Eröffnungsstoß:

a) Die Spielkugel muss aus dem Kopffeld mit Ansage gespielt werden. Es ist eine Objektkugel und eine Tasche oder eine „Sicherheit" anzusagen.

b) Wird keine angesagte Objektkugel versenkt, müssen die Spielkugel und zwei Objektkugeln mindestens eine Bande anlaufen (siehe *„8.4 Anlaufen an eine Bande"*).

(2) Sind vorgenannte Bedingungen nicht erfüllt worden, liegt ein Anstoßfoul vor. Dem betreffenden Spieler sind zwei Punkte abzuziehen (siehe *„4.10 Anstoßfoul"*). Der nun aufnahmeberechtigte Gegner kann den Tisch unverändert übernehmen und weiterspielen oder den Eröffnungsstoß durch den eröffnenden Spieler erneut ausführen lassen.[94]

(3) Der eröffnende Spieler muss den Eröffnungsstoß so oft ausführen, bis er entweder die Bedingungen für einen korrekten Eröffnungsstoß erfüllt oder der

---

94 *Das heißt, ein Spieler kann den Anstoß solange wiederholen lassen, wie die Anstoßbedingungen nicht erfüllt sind. Das hat nichts mit unsportlichem Verhalten zu tun. Diese Anstoßfouls zählen nicht zur 3-Foul-Strafe mit.*

Gegner den Tisch unverändert übernimmt (siehe *„4.11 Schwerwiegende Fouls"* Abs. (1)).

4.4 Fortsetzung des Spiels und Sieg

(1) Ein Spieler bleibt an der Aufnahme, solange er regelgerecht angesagte Objektkugeln versenkt oder er das Spiel gewinnt, weil er das festgelegte Ausspielziel erreicht hat.

(2) Sind 14 Objektkugeln regelgerecht versenkt worden, wird das Spiel unterbrochen und die Objektkugeln werden wieder aufgebaut.[95]

4.5 Spiel mit Ansage

(1) Jeder Stoß muss, wie unter *„1.6 Spiel mit Ansage"* beschrieben, angesagt werden.

(2) Ein Spieler kann zu jeder Zeit eine „Sicherheit" ansagen und spielen. Danach wechselt die Aufnahmeberechtigung. Jegliche Objektkugel, die hierbei versenkt wurde, wird wieder eingesetzt.

---

95 Die Aufbausituationen liegen als Anhang vor und sind selbst erklärend.

4.6 Wiedereinsetzen von Objektkugeln

(1) Objektkugeln, die mit einem Foul versenkt wurden oder vom Tisch gesprungen sind, sowie Objektkugeln, die mit einer „Sicherheit" versenkt wurden, werden wieder eingesetzt (siehe *„1.4 Wiedereinsetzen von Kugeln"*).[96]

(2) Ist die 15. Objektkugel wieder einzusetzen und die 14 anderen Objektkugeln sind nach dem Wiederaufbau bzw. dem darauf folgenden Stoß nicht berührt worden, wird sie auf dem Fußpunkt wieder eingesetzt. Hierzu darf ein Dreieck benutzt werden.[97]

4.7 Punkte erzielen und Zählweise

(1) Ein aufnahmeberechtigter Spieler erzielt mit jeder regelkonform angesagten und versenkten Objektkugel einen Punkt. Jede bei einem solchen Stoß zusätzlich

---

96 Dabei ist darauf zu achten, ob sich die Kugeln im Bereich des Dreiecksfeldes nach dem letzten Aufbau bewegt haben, bzw. berührt wurden. Ansonsten kommt die Objektkugel auf den Fußpunkt, ansonsten auf die Fußlinie.

97 Hier wird noch einmal klar aufgeführt, wie es zu handhaben ist.

versenkte Objektkugel zählt ebenfalls einen Punkt für den Spieler.

(2) Fouls werden geahndet, indem Punkte vom Punktestand des Spielers abgezogen werden, der das Foul begangen hat.

(3) Auf Grund von Fouls können Spielstände negativ sein.

4.8 Situationen beim Wiederaufbau

(1) Behindern die Spielkugel oder die 15te Objektkugel den Wiederaufbau der 14 anderen Objektkugeln zu einem neuen Dreieck, finden die folgenden Regeln Anwendung.[98]

(2) Eine Kugel behindert den Aufbau, sobald sie innerhalb der Markierung liegt oder die eingezeichnete Markierung überragt.[99]

(3) Der Schiedsrichter wird nach Aufforderung feststel-

---

98 Dabei ist besonders darauf zu achten, von wo man am besten beobachtet, ob ein Aufbauen verhindert wird.

99 Das kann man am besten entweder von oben als Draufsicht, oder aber in der Flucht der Dreiecksmarkierungen sehen. Auch ein tangieren (berühren) der Linie bedeute, das die Kugel den Aufbau behindert.

len, ob sich eine Kugel im Dreieck befindet und somit den Aufbau behindert oder nicht.[100]

a) Wird die 15. Objektkugel gleichzeitig mit der 14. Objektkugel versenkt, werden alle 15 Kugeln wieder zu einem Dreieck aufgebaut.

b) Behindern die 15. Objektkugel und die Spielkugel beide den Aufbau, werden alle 15 Objektkugeln wieder zu einem Dreieck aufgebaut und die Spielkugel wird mit Lageverbesserung aus dem Kopffeld gespielt.

c) Behindert nur die 15. Objektkugel den Aufbau, wird sie auf den Kopfpunkt gelegt oder auf den Mittelpunkt, sofern die Spielkugel den Kopfpunkt blockiert.

d) Behindert die Spielkugel den Aufbau, wird sie wie folgt verlegt:

  - Liegt die 15. Objektkugel außerhalb des Kopffeldes oder auf der Kopflinie, wird die Spielkugel mit Lageverbesserung aus dem Kopffeld gespielt.

  - Liegt die 15. Objektkugel innerhalb des Kopf-

---

100 Das gilt auch in einer Begegnung ohne offiziellen Dritten als Schiedsrichter. Da muss es der Gegner machen. Auf den kommenden Seiten folgend die Aufbaugrafiken.

feldes, wird die Spielkugel auf den Kopfpunkt gelegt. Ist der Kopfpunkt belegt, wird sie auf den Mittelpunkt gelegt.

(4) Nach jedem Wiederaufbau steht es dem aufnahmeberechtigten Spieler frei, welche Objektkugel er zuerst anspielt.

(5) Zum besseren Verständnis der folgenden Tabelle liegen die Aufbaugrafiken als Anhang diesem Regelwerk bei.

(6) Befindet sich die Spielkugel oder die letzte Objektkugel knapp außerhalb der Dreieck-Markierung und es muss wiederaufgebaut werden, so kann der Schiedsrichter die Position der Kugel markieren und sich den Wiederaufbau dadurch erleichtern. Damit kann verhindert werden, dass der Schiedsrichter aus Versehen die Position der Kugel verändert. Nach dem Aufbau der 14 Kugeln wird die markierte Kugel wieder zurückgesetzt.

Die Spielkugel liegt… / 15. Objektkugel liegt…	Innerhalb des Dreicks	Nicht im Dreieck und nicht auf dem Kopfpunkt*	Auf dem Kopfpunkt*
Im Dreieck	15. Kugel: Fußpunkt Weiße: Aus dem Kopffeld	15. Kugel: Kopfpunkt Weiße: In Position	15. Kugel: Mittelpunkt Weiße: In Position
Versenkt	15. Kugel: Fußpunkt Weiße: Aus dem Kopffeld	15. Kugel: Fußpunkt Weiße: In Position	15. Kugel: Fußpunkt Weiße: In Position
Im Kopffeld aber nicht auf dem Kopfpunkt*	15. Kugel: In Position Weiße: Kopfpunkt		
Außerhalb des Kopffelds und nicht im Dreieck	15. Kugel: In Position Weiße: Aus dem Kopffeld		
Auf dem Kopfpunkt*	15. Kugel: In Position Weiße: Mittelpunkt	*Auf dem Kopfpunkt bedeutet, dass die Kugel den Aufbau einer anderen auf dem Kopfpunkt behindert.	

Tabelle 1. Zusammenfassung der Regeln für 14.1 Situationen beim Aufbau

4.9 Standardfouls

(1) Begeht der aufnahmeberechtigte Spieler ein Standardfoul, wird ein Punkt von seinem Punktestand abgezogen und die Aufnahmeberechtigung wechselt zum Gegner.

(2) Die Spielkugel verbleibt an ihrer Position.[101]

(3) Folgende Fouls sind Standardfouls in der Disziplin 14.1 endlos:[102]

   a) *„6.1 Spielkugel fällt in eine Tasche oder springt vom Tisch“*. Die Weiße wird mit Lageverbesserung aus dem Kopffeld gespielt (siehe *„1.5 Lageverbesserung auf dem ganzen Tisch (Weiße „Ball in Hand”)“*)

   b) *„6.3 Keine Bande nach der Karambolage“*

   c) *„6.4 Kein Fuß auf dem Boden“*

   d) *„6.5 Kugeln, die vom Tisch springen“* (Alle Objektkugeln, die vom Tisch springen, werden wieder aufgebaut).

---

101 *Sollte versehentlich einmal die Spielkugel nach einem Foul in die Hand genommen worden sein, so wird versucht, die Lage so gut wie möglich wieder herzustellen. Es wird ein Foul gewertet, und die Aufnahmeberechtigung wechselt.*

102 *Diese Auflistung wird im Bereich 6. Foul aufgeschlüsselt.*

e) *„6.6 Berühren der Kugeln"*
f) *„6.7 Durchstoß / Press liegende Kugeln"*
g) *„6.8 Schieben der Spielkugel"*
h) *„6.9 Sich noch bewegende Kugeln"*
i) *„6.10 Freie Lageverbesserung im Kopffeld"*
j) *„6.11 Spielen aus dem Kopffeld"* - Handelt es sich um ein Foul gemäß des zweiten Abschnitts von 6.11, so hat der dann aufnahmeberechtigte Spieler Lageverbesserung aus dem Kopffeld.
k) *„6.12 Queue auf dem Tisch"*
l) *„6.13 Spielen ohne Aufnahmeberechtigung"*
m) *„6.15 Zeitspiel"*

4.10 Anstoßfoul

(1) Ein Anstoßfoul wird, wie unter *„4.3 Eröffnungsstoß"* beschrieben, mit dem Abzug von zwei Punkten bestraft.[103]

(2) Ebenfalls besteht die Möglichkeit, dass der Anstoß neu ausgeführt werden muss.[104]

103Dieses Anstoßfoul zählt nicht zur Dreifoulstrafe, kann jedoch, je nachdem welches Verhalten an den Tag gelegt wird, mit einer Strafe nach „6.16 Unsportliches Verhalten" geahndet werden.

104 Und das so oft, wie es der aufnahmeberechtige Spieler nicht schafft, die Bedingungen eines korrekten Anstoßes zu

(3) Sind ein Anstoßfoul und ein Standardfoul zur selben Zeit begangen worden, so gilt das Anstoßfoul.[105]

4.11 Schwerwiegende Fouls

(1) Für die Regel *„6.14 Drei aufeinander folgende Fouls“* gelten nur Standardfouls. Ein Anstoßfoul zählt also nicht zu der Drei-Foul-Regel.[106]

(2) Ein Punkt wird wie üblich für das dritte Foul abgezogen. Zusätzlich werden 15 Punkte vom Punktestand des Spielers abgezogen, der das dritte aufeinanderfolgende Foul begangen hat. Seine Fouls sind damit aufgehoben.[107]

(3) Alle 15 Kugeln werden wieder aufgebaut und der Spieler, der das Foul begangen hat, muss einen neuen Eröffnungsstoß ausführen. Hierbei gelten die gleichen Bedingungen wie für den Eröffnungsstoß.[108]

(4) Begeht ein Spieler ein Foul gemäß *„6.17 Unsportli-*

---

erfüllen.

105 Ansonsten gäbe es ja Wertungen wie -3 und das Foul würde dann auch zur 3-Foul Strafe zählen.

106 Wie schon oft im Regelwerk 14.1. erwähnt.

107 Das heißt, nach 3 aufeinanderfolgenden Fouls ist der Punktestand = Punktestand minus 18 Punkte!

108 Und auch hier gilt: Die Bedingungen eines korrekten Anstoßes müssen erfüllt sein.

ches Verhalten", so liegt die Strafe dafür im Ermessen des Schiedsrichters. Sie soll der Art und Weise des Verhaltens Rechnung tragen.[109]

4.12 Unentschieden

(1) Falls der Schiedsrichter die Spielsituation als „Unentschieden" wertet, muss ein neuer Eröffnungsstoß ausgeführt werden. Beide Spieler stoßen das Anstoßrecht neu aus. (siehe *„1.12 Unentschieden"*).[110]

109 Die Mindeststrafe hierfür ist jedoch -15 Punkte und ein neuer Anstoß.

110 Das bedeutet für die Schreibweise folgendes: Die Aufnahmen werden, egal für wen, in der gleichen Zeile fortgesetzt (siehe Kommentar) Die Punkte werden ab jetzt neu zusammengerechnet.

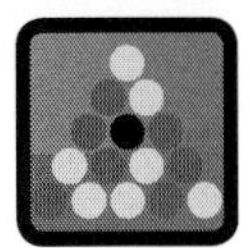

5. Blackball [111]

(1) Blackball wird mit 15 farbigen Objektkugeln und der Spielkugel gespielt.

(2) Die Objektkugeln teilen sich in zwei Gruppen, bestehend aus jeweils sieben Kugeln und der Schwarzen.

(3) Der Spieler oder das Team, welches zuerst alle Kugeln der eigenen Gruppe versenkt hat und dann regelgerecht die Schwarze versenkt, gewinnt das Spiel.

(4) Blackball ist kein Ansagespiel.

5.1 Definitionen

(1) Zusätzlich zu den Definitionen, die unter (VIII. Definitionen) erklärt werden, gibt es imn Blackball folgende Begriffsbestimmungen:

a) „Free Shot" - Nachdem ein Foul begangen wurde, erhält der dann aufnahmeberechtigte Spieler einen zusätzlichen Stoß („Free Shot"). Bei einem Free Shot ist Regel („*6.2 Falsche Objektkugel*")

---

111 Diese Disziplin wird hier nur der vollständigkeit halber aufgeführt. Da Blackball in Deutschland nicht zum offiziellen Spielbetrieb zählt, wird es auch bei Regelprüfungen nicht abgefragt und dementsprechend gibt es auch keine Kommentare hierzu.

zeitweilig außer Kraft gesetzt und der Spieler kann die Spielkugel von da aus weiter spielen, wo sie liegt oder eine Lageverbesserung aus dem Kopffeld vornehmen.

b) Kopffeld - Das Kopffeld ist die rechteckige Fläche am Anfang des Tischs, die durch die Kopflinie und drei Banden begrenzt wird. Die Kopflinie verläuft parallel zur Kopfbande und ist genau ein Fünftel der Spielfläche von ihr entfernt. Um die allgemeinen Regeln hier anzuwenden gilt, dass „hinter der Kopflinie" das gleiche bedeutet wie „im Kopffeld".

c) Snooker - Ein Spieler liegt im „Snooker" (Anm. d. Übersetzers: oder er ist „gesnookert"), wenn die Spielkugel keinen geraden und direkten Weg zu mindestens einem Teil einer regelkonform anzuspielenden Objektkugel laufen kann. Der Snooker muss vorher vom Schiedsrichter verkündet werden, um wirksam zu sein.

d) Zulässige Objektkugel - Eine Objektkugel gilt dann als „zulässig", wenn sie für den Spieler in dem Moment ein regelkonformes Ziel darstellt.

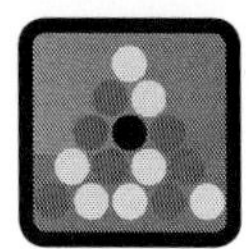

5.2 Ausrüstung

(1) Die 15 Objektkugeln unterteilen sich in zwei Gruppen zu jeweils sieben Kugeln, die sich darin unterscheiden, dass sie entweder aus vollfarbigen Kugeln mit unterschiedlichen Farben oder aus den üblichen sieben Vollen und sieben Halben bestehen. (1 bis 7 und 9 bis 15 sind die zwei Gruppen).

(2) Zusätzlich gibt es eine schwarze Kugel oder eine schwarze Kugel mit der Nummer „8“.

(3) Der Fußpunkt und die Kopflinie auf dem Tisch müssen markiert sein.

5.3 Entscheidung über den Anstoß

(1) Derjenige Spieler, der das Ausstoßen gewinnt, entscheidet, wer den ersten Anstoß ausführt (siehe 1.2 Ausstoßen des Anstoßrechts).

(2) Das Standardformat bezüglich der Reihenfolge ist das Wechselbreak (siehe auch die Regularien).

5.4 Der Aufbau beim Blackball

(1) Die Kugeln werden wie in der Skizze unten beschrieben aufgebaut.

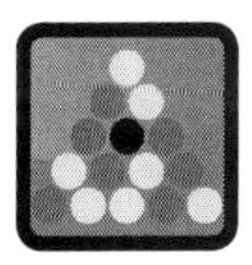

(2) Die Schwarze liegt auf dem Fußpunkt.

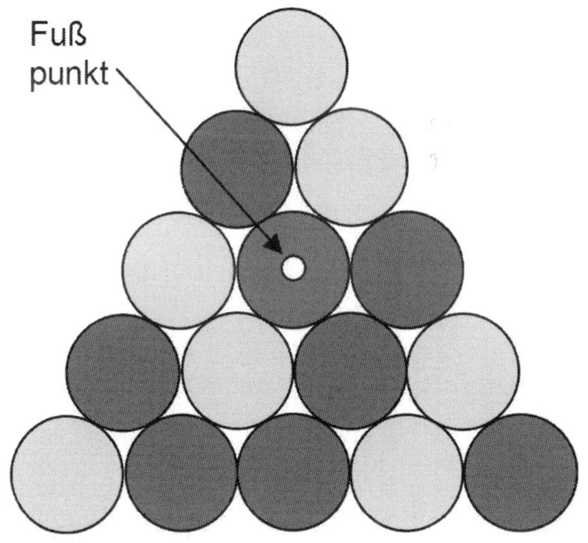

Abbildung 3

5.5 Anstoß

Die folgenden Regeln beziehen sich auf den Anstoß:

a) Die Spielkugel muss aus dem Kopffeld gespielt werden.

b) Es muss mindestens eine Objektkugel versenkt werden oder zwei Objektkugeln müssen über die Mittellinie laufen. Ansonsten ist der Anstoß ein Foul.

c) Falls die Schwarze beim Anstoß versenkt wird, werden alle Objektkugeln wieder aufgebaut und derselbe Spieler stößt erneut an. Jeglicher Verstoß gegen Regel (6.1 Spielkugel fällt in eine Tasche oder springt vom Tisch und 6.5 Kugel, die vom Tisch springt) wird bei einem Anstoß, bei dem die Schwarze fällt, ignoriert.

5.6 Offener Tisch / Wahl der Gruppen

(1) Ein Tisch gilt als „offen", solange die Gruppen den Spielern noch nicht zugeordnet sind.

(2) Der Tisch ist nach dem Anstoß immer offen und bleibt offen, bis ein Spieler eine Objektkugel einer Gruppe alleine mit einem normalen Stoß versenkt; d.h. nicht mit einem Anstoß oder einem Free Shot.

(3) Versenkt der Spieler eine Objektkugel unter den oben genannten Umständen, wird ihm die jeweilige Gruppe zugeordnet und der Gegner erhält automatisch die andere Gruppe.

5.7 Fortsetzung des Spiels

(1) Der Spieler bleibt an der Aufnahme, solange er re-

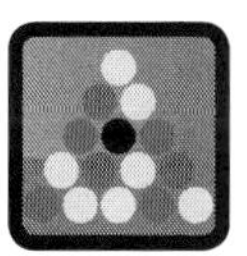

gelgerecht Objektkugeln versenkt oder bis das Spiel beendet ist.

(2) Gelingt es ihm nicht, regelgerecht eine Objektkugel zu versenken, und er begeht kein Foul, übernimmt der Gegner die Position so, wie der Spieler sie hinterlassen hat.

5.8 Lageverbesserung aus dem Kopffeld

(1) Wenn ein Spieler Lageverbesserung aus dem Kopffeld hat, darf er die Spielkugel überall innerhalb des Kopffelds verlegen.

(2) Er kann die Position der Spielkugel so lange verändern, bis er seinen Stoß ausführt.

(3) Die Spielkugel muss das Kopffeld nicht verlassen haben, bevor sie eine farbige Objektkugel berührt.

5.9 Press liegende Kugeln

(1) Wenn die Spielkugel press an einer Objektkugel liegt, darf der Spieler die Spielkugel nicht in Richtung der Objektkugel spielen.

(2) Es wird angenommen, dass die Spielkugel die Ob-

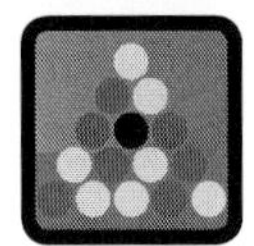

jektkugel getroffen hat, wenn er von dieser wegspielt, falls das die zulässige Objektkugel für den Stoß ist.

5.10 Aus einem Snooker spielen

(1) Wenn ein Spieler „gesnookert" ist, wird Regel („6.3 Keine Bande nach der Karambolage" auf Seite 75) für diesen Stoß außer Kraft gesetzt.

5.11 Wiedereinsetzen von Objektkugeln

(1) Objektkugeln, die vom Tisch gesprungen sind, werden auf der Längslinie wieder aufgebaut.

(2) Müssen mehrere Objektkugeln aufgebaut werden, so geschieht dies in der folgenden Reihenfolge: (1) Die Schwarze, (2) Objektkugeln der Gruppe des aufnahmeberechtigten Spielers oder rote, blaue bzw. volle Objektkugeln, wenn der Tisch offen ist, (3) andere Objektkugeln.

5.12 Unentschieden

(1) Falls ein Unentschieden auftritt, weil beide Spieler keine Entscheidung herbeiführen wollen, beginnt der Spieler die Partie erneut, der auch ursprünglich angestoßen hat.

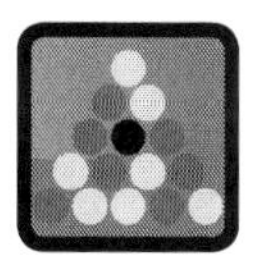

(2) Ein Unentschieden tritt auch dann ein, wenn die Position keinen regelkonformen Stoß mehr zulässt.

5.13 Standardfouls

(1) Wenn ein Spieler ein Foul begeht, wechselt die Aufnahme über auf seinen Gegner.

(2) Der aufnahmeberechtigte Spieler hat einen Free Shot (siehe Free Shot) als ersten Stoß seiner Aufnahme.

(3) Folgende Fouls sind Standardfouls in der Disziplin Blackball:

a) 6.1 Spielkugel fällt in eine Tasche oder springt vom Tisch
b) 6.2 Falsche Objektkugel (außer Kraft gesetzt während eines Free Shot)
c) 6.3 Keine Bande nach der Karambolage
d) 6.4 Kein Fuß auf dem Boden
e) 6.5 Kugel, die vom Tisch springt
f) 6.6 Berühren der Kugeln
g) 6.7 Durchstoß / Press liegende Kugeln
h) 6.8 Schieben der Spielkugel
i) 6.9 Sich noch bewegende Kugeln
j) 6.10 Freie Lageverbesserung im Kopffeld - Bei Lageverbesserung aus dem Kopffeld

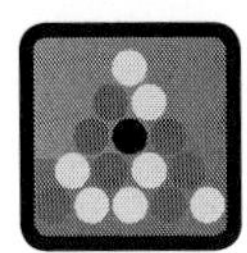

k) 6.12 Queue auf dem Tisch
l) 6.13 Spielen ohne Aufnahmeberechtigung
m) 6.15 Zeitspiel

(4) Folgende Situationen sind zusätzlich ein Foul beim Blackball:
a) Versenken einer Objektkugel des Gegners – Es ist ein Foul, eine Objektkugel des Gegners zu versenken, ohne dass dabei eine eigene Objektkugel versenkt wird.
b) Unkorrekter Tisch – Es ist ein Foul, zu stoßen, bevor alle Objektkugeln aufgebaut sind, die wieder aufgebaut werden müssen.
c) Jump Shot – Das Springen der Spielkugel über jegliche Objektkugel gilt als Foul (wenn die Spielkugel von der Spielfläche abhebt und eine Objektkugel nicht trifft, die sie getroffen hätte, wäre sie nicht vom Tisch abgehoben, so gilt das als Springen der Spielkugel über diese Objektkugel).

5.14 Fouls, die zum Spielverlust führen

(1) Der Spieler verliert das Spiel, wenn er:
a) die Schwarze mit einem nicht regelkonformen Stoß versenkt

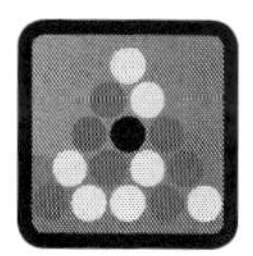

b) die Schwarze versenkt, obwohl sich noch Objektkugeln seiner Gruppe auf dem Tisch befinden
c) absichtlich Regel (6.2 Falsche Objektkugel) verletzt
d) nicht versucht, eine zulässige Objektkugel zu treffen.
e) „6.16 Unsportliches Verhalten" wird durch den Verlust eines Spiels oder eine andere Strafe, abhängig vom Vergehen, bestraft.

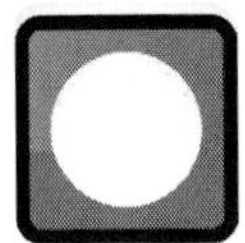

6. Fouls

(1) Die folgenden Situationen beschreiben Fouls beim Poolbillard. Sie gelten dann, wenn sie in den spezifischen Spielregeln der einzelnen Disziplinen genannt sind.[112]

(2) Werden mehrere Fouls innerhalb eines Stoßes begangen, zählt bezüglich der Strafbemessung lediglich das Schwerwiegendste.[113]

(3) Wird ein Foul nicht erkannt und angesagt, bevor der nächste Stoß ausgeführt wird, gilt das Foul als nicht begangen.[114]

6.1 Spielkugel fällt in eine Tasche oder springt vom Tisch

Fällt die Spielkugel in eine Tasche oder springt vom Tisch, ist das ein Foul (siehe *„8.3 Versenkte Kugel“*

---

112 Da das Regelwerk auch Foulsituationen für das innerhalb der WPA gespielte Blackball hat, in Deutschland aber Blackball nicht gespielt wird, gilt das Regelwerk nur für Poolbillard.

113 Als Beispiel sei der 14.1 Anstoß genannt. Wenn Foul und Anstoßfoul gleichzeitig, dann immer Anstoßfoul.

114 Das gilt im übrigen für alle Verstöße, die nicht vor dem nächsten Stoß angesagt wurden.

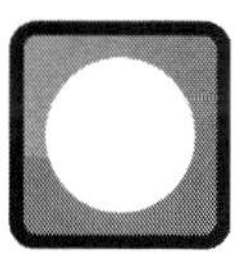

und *„8.5 Vom Tisch gesprungene Kugeln“*).[115]

6.2 Falsche Objektkugel

In Spielen, die erfordern, dass die erste angespielte Objektkugel eine ganz bestimmte ist oder zu einer bestimmten Gruppe gehört, ist es ein Foul, wenn die Spielkugel eine andere Objektkugel zuerst berührt.[116]

6.3 Keine Bande nach der Karambolage

Die Spielkugel muss im Verlauf eines Stoßes eine regelkonform anspielbare Objektkugel berühren. Wird in der Folge dieses Stoßes keine Objektkugel versenkt, muss nach diesem Kontakt (Karambolage) die Spielkugel oder irgendeine Objektkugel eine Bande anlaufen. Der Stoß gilt als Foul, sofern diese Bedingung nicht erfüllt wurde (siehe *„8.4 Anlaufen an eine Bande“*).[117]

---

115 Das wird im englischsprachigem Raum auch „Scratch“ genannt.

116 Im 14.1. gilt diese Regel nicht, ansonsten gilt sie im 8-Ball, 9-Ball und im 10-Ball.

117 Dabei ist folgende Situation auch gültig: Spielkugel trifft die press an der Bande liegende Objektkugel. Beide Kugeln prallen ab. Dabei wird die Objektkugel von der Spielkugel wieder Richtung der Bande gespielt, an der sie vorher press lag. Die Objektkugel berührt die Bande. Ergebnis: Korrekter Stoß.

6.4 Kein Fuß auf dem Boden

Ein Spieler muss im Moment der Ausführung des Stoßes, also wenn die Pomeranze des Queues die Spielkugel berührt, mit mindestens einem Fuß den Boden berühren. Ist dies nicht der Fall, liegt ein Foul vor.[118]

6.5 Kugeln, die vom Tisch springen

Springt die Spielkugel oder eine Objektkugel als Folge eines Stoßes vom Tisch, ist dies ein Foul. Ob eine Objektkugel wieder eingesetzt wird, bestimmt die spezifische Spielregel der jeweiligen Disziplin (siehe *„8.5 Vom Tisch gesprungene Kugeln"*).[119]

6.6 Berühren der Kugeln

(1) Außer dem normalen, in der Folge eines Stoßes

---

118 Dabei ist entscheidend, das ein Teil eines normalen Schuh´s den Boden berührt, und nicht der ganze Fuß. Auch Schuhe mit einer höheren Sohle gelten als „normal" und werden bereits eingesetzt.

119 Die Spielkugel wird immer eingesetzt, beim 14.1 nur im Kopffeld, beim 8-Ball nur direkt im Anschluß an ein Anstoßfoul nur im Kopffeld, ansonsten mit Ball in Hand.Alle Objektkugeln mit Ausnahme der 9 und 10 (bei einem Foul) werden in die Tasche hineingelegt. Lediglich im 14.1 werden alle Objektkugeln wieder eingesetzt.

resultierenden, Kontakt zwischen den Kugeln, ist jegliche Berührung, Bewegung oder Veränderung des Laufs einer oder mehrerer Kugeln ein Foul.[120]

(2) Es ist ein Foul, die Spielkugel zu berühren, zu bewegen oder ihren Lauf zu verändern, außer während des Verlegens im Rahmen einer erlaubten Lageverbesserung und während des normalen Kontakts zwischen der Pomeranze und der Spielkugel bei der Ausführung eines Stoßes.

(3) Ein am Tisch befindlicher Spieler ist für sich selbst und für die durch ihn genutzte Ausrüstung verantwortlich. Das Berühren oder Bewegen von Kugeln durch Teile der Ausrüstung, Kreide, Kleidung, mit den Haaren oder anderen Teilen des Körpers, ist ein Foul. Geschieht dies unbeabsichtigt oder fahrlässig, ist es als Standardfoul zu werten, sollte ein Vorsatz erkennbar sein, ist es gemäß *„6.16 Unsportliches Verhalten“* einzustufen.[121]

---

120 Und das wird in erster Linie mit Aufnahmewechsel bestraft. Bei allen Spielen (Ausnahme 14.1) erhält der aufnahmeberechtigte Spieler zusätzlich noch „Ball in Hand“.

121 Sollte das Berühren aufgrund eines unsportlichen Verhaltens passieren, so ist die Mindeststrafe „Ball in Hand“ und eine Verwarnung für den Rest der Partie. Die folgenden Strafen wären dann: Spielverlust, Satzverlust und Partiever-

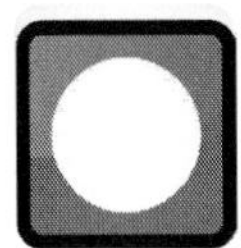

6.7 Durchstoß / Press liegende Kugeln[122]

(1) Berührt das Queue eines Spielers die Spielkugel während eines Stoßes mehr als einmal, so ist dieser Stoß ein Foul.[123]

(2) Liegt die Spielkugel sehr dicht an einer Objektkugel, berührt diese jedoch nicht (liegt nicht „press"), so ist ein Stoß als Foul zu werten, sofern die Pomeranze noch Kontakt mit der Spielkugel hat, während diese bereits die Objektkugel berührt.[124]

(3) Die Spielkugel liegt sehr dicht an einer Objektkugel. Wird, in diesem Fall, ein Stoß so ausgeführt, dass die Spielkugel die Objektkugel nur sehr knapp streift (extrem dünn trifft), wird angenommen, dass der

---

lust.

122 *In diesem Kontext muss eingestanden werden, das der Begriff Durchstoß eine falsche Übersetzung der Originalregel ist. Dort steht: „Double hitting the Cueball", was übersetzt heißt, Doppeltes Treffen der Spielkugel. Und das doppelte Berühren der Spielkugel ist in allen Spielarten (Pool, Snooker, Carambol und Kegel gleichermaßen ein Foul !!!)*

123 *Dieses gilt im übrigen für alle Spielarten innerhalb der DBU.*

124 *Natürlich nur dann, wenn der Schiedsrichter oder der „Stoßer" sich dabei komplett sicher sind.*

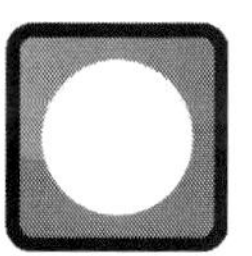

Stoß regelkonform ist, obwohl nicht ausgeschlossen werden kann, dass die Pomeranze noch Kontakt zur Spielkugel hat, während diese bereits die Objektkugel berührt.[125]

(4) Die Spielkugel liegt „press" an einer Objektkugel. In einer solchen Situation ist es zulässig in Richtung der Objektkugel zu spielen, vorausgesetzt die spezifische Spielregel erlaubt das Treffen dieser Objektkugel. Hat die Objektkugel sich in der Folge eines solchen Stoßes bewegt, wird angenommen, dass dieser Kontakt mit dem Spielball durch einen regulären Stoß zustande gekommen ist. Es ist dennoch darauf zu achten, dass ein Mehrfachkontakt zwischen Pomeranze und Spielkugel unterbleibt, auch im Hinblick auf andere in der Nähe liegende Objektkugeln.[126]

(5) Kugeln gelten so lange als nicht „press" aneinander liegend, bis dies vom Schiedsrichter oder vom Gegner festgestellt und angesagt wurde.[127]

125 Der Kommentar ist erschöpfend, jedoch ist hier ein Zeigen am Tisch dringend angeraten.

126 Das bezieht auf eine Physikalische Konstante. Wenn zwei Körper sich berühren, so wirken sie, wenn sie gestoßen werden, wie als ob sie ein Körper wären. Damit kann ein Doppelkontakt mit der Spielkugel nicht passieren. Alle anderen Foulgründe sind jedoch trotzdem zu beachten.

127 Das bedeutet, das auch hier der Spieler selbst verant-

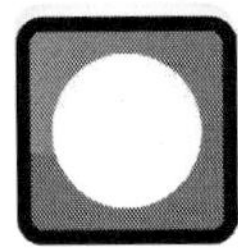

(6) Es obliegt der Verantwortung des an der Aufnahme befindlichen Spielers, dass die Position von Kugeln vor dem Stoß eindeutig definiert wird.[128]

(7) Die Spielkugel liegt „press" an einer Objektkugel. Wird in diesem Fall die Spielkugel lediglich von der Objektkugel weggespielt, ohne diese zu bewegen, gilt diese Objektkugel alsnicht angespielt. Es sei denn, eine disziplinspezifische Spielregel sieht hier eine andere Wertung vor.[129]

6.8 Schieben der Spielkugel

Übersteigt die Dauer des Kontaktes zwischen Pomeranze und Spielkugel das, im Rahmen eines normalen Ablaufs einer Stoßbewegung, übliche Maß, ist dies ein Foul.

6.9 Sich noch bewegende Kugeln

Es ist ein Foul, einen Stoß auszuführen, während sich noch andere im Spiel befindliche Kugeln bewegen oder drehen.[130]

---

wortlich ist.

128 *Wie auch am Anfang des Regelwerkes kann man die Verantwortung nicht auf andere abschieben.*

129 *Dieses ist das berühmte Touching Ball und gilt nur für das Blackball. Im Poolbillard ist das ein Foul – Ausnahme: Push-Out im 9- und 10-Ball.*

130 *Dabei gelten natürlich nur die Kugeln, die sich noch*

6.10 Freie Lageverbesserung im Kopffeld

(1) Ist die Spielkugel mit „Ball in Hand" aus dem Kopffeld zu spielen, ist es ein Foul, sofern dieSpielkugel auf der Kopflinie oder außerhalb des Kopffeldes platziert wird.[131]

(2) Ist ein Spieler unsicher, ob er die Spielkugel korrekt positioniert hat, kann er den Schiedsrichter vor dem Stoß bitten, die Position zu überprüfen.[132]

6.11 Spielen aus dem Kopffeld

(1) Ist die Spielkugel mit „Ball in Hand" aus dem Kopffeld zu spielen, ist es ein Foul, sofern die erste angespielte Objektkugel sich ebenfalls im Kopffeld befindet.

---

im Spiel befinden. Kugeln, die in den Taschen liegen, oder aus dem Spiel genommen wurden, werden hierbei nicht berücksichtigt.

131 *Dabei ist entscheiden, das der Auflagepunkt mindestens innerhalb des Kopffeld liegt. Sollte die Spielkugel genau auf der Kopflinie liegen, so ist sie defacto außerhalb und jeder Stoß ist dann ein Foul.*

132 *Eine Entscheidung muss dann aber auch hingenommen werden.*

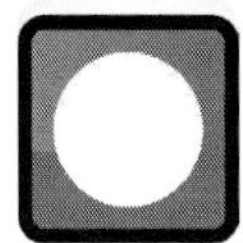

Es sei denn, die Spielkugel hatte zuvor das Kopffeld verlassen.[133]

(2) Ein vorsätzlich unkorrektes Anspielen einer im Kopffeld befindlichen Objektkugel mit „Ball in Hand” aus dem Kopffeld gilt als unsportliches Verhalten.[134]

(3) Die Spielkugel muss entweder die Kopflinie überqueren oder eine Kugel treffen, deren Lage außerhalb des Kopffeldes ist. Geschieht dies nicht, liegt ein Foul vor. Der Gegner erhält „Ball in Hand” gemäß der disziplinspezifischen Spielregel. Wird ein solcher Stoß absichtlich gespielt, handelt es sich um unsportliches Verhalten. [135]

6.12 Queue auf dem Tisch

Benutzt ein Spieler sein Queue zum Zweck der Ausrichtung eines bevorstehenden Stoßes, indem er es

---

133 Ein Bogenstoß oder ein Kopfstoß würde schon ausreichen, solange der gedachte Auflagepunkt der Spielkugel außerhalb des Kopffeldes gewesen ist.

134 Dabei ist immer darauf zu achten, ob ein Spieler es wirklich absichtlich gemacht hat.

135 Wenn der Auflagepunkt einer Objektkugel mindestens auf der Kopflinie liegt, beziehungsweise außerhalb des Kopffeldes liegt, darf jeder korrekte Stoß auf diese Objektkugel ausgeführt werden, auch wen die Spielkugel das Kopffeld nicht verlassen hat.

auf den Tisch legt ohne mindestens eine Hand am Queue zu behalten, ist dies ein Foul.[136]

6.13 Spielen ohne Aufnahmeberechtigung

Führt ein Spieler versehentlich außerhalb seiner Aufnahmeberechtigung einen Stoß aus, ist dies ein Standardfoul. Es wird unverändert gemäß disziplinspezifischer Spielregel weitergespielt. Ist der Stoß jedoch mit Vorsatz ausgeführt worden, muss dies gemäß *„6.16 Unsportliches Verhalten“* geahndet werden.[137]

6.14 Drei aufeinander folgende Fouls

(1) Wenn ein Spieler drei Fouls in Folge begeht, ohne zwischenzeitlich einen regelkonformen Stoß auszuführen, ist dies ein weitergehendes Foul.

---

136 Das entscheidende ist das Benutzen als Zielinstrument. Solange man das Queue lediglich auf den Tisch legt, um z.B. nachzudenken, ist alles gut. Sollte man damit zielen, ist es nur erlaubt, wenn die Hand das Queue berührt.

137 Sollte dieses Fehlverhalten zwischen dem Aufbau in Kurzspielen passieren, so erhält der aufnahmeberechtigte Spieler „Ball in Hand“ auf der Spielfläche. Im 14.1 erhält der Foulspielende Spieler -1. In beiden Fällen erhält der Spieler eine Verwarnung für den Rest der Partie.

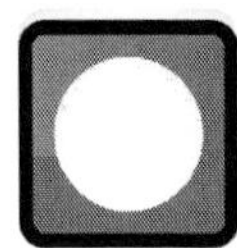

(2) Bei Disziplinen, die pro Spiel gewertet werden, müssen diese drei Fouls innerhalb eines Spiels und in Folge vorkommen, um als „Weitergehendes Foul" gewertet zu werden. Bei den Disziplinen 8-Ball und Black Ball gilt diese Regel nicht.[138]

(3) Ist ein Spieler aufnahmeberechtigt, der bereits zwei aufeinander folgende Fouls auf seinem Konto hat, muss der Schiedsrichter vor dem nächsten Stoß auf diesen Umstand hinweisen. Erfolgt dieser Hinweis nicht, wird ein mögliches drittes Foul als zweites im Sinne dieser Regel angesehen.[139]

6.15 Zeitspiel

(1) Ist ein Schiedsrichter zu der Überzeugung gekommen, dass ein Spieler zu langsam spielt, kann er den Spieler anweisen, schneller zu spielen. Beschleunigt

---

138 Im 9-Ball und im 10-Ball ist das Spiel verloren und es wird neu aufgebaut. Im 14.1. erhält der Spieler insgesamt Minus 18 und er muss einen neuen Anstoß ausführen. Im 8-Ball gibt es keine Konsequenz für 3 Fouls in Folge.

139 Die Warnung muss immer dann erfolgen, wenn der betreffende Spieler an den Tisch kommt. Im Rahmen der EPBF (Europaverband) Veranstaltungen sind immer häufiger digitale Anzeigen in Form von Laptops eingeführt worden. Dort werden die Fouls aufgeführt. Daher wird dort auch nicht mehr gewarnt.

der betreffende Spieler sein Spieltempo nicht, kann der Schiedsrichter für die Fortsetzung der Partie ein Zeitlimit („Shot Clock") verhängen. Das Zeitlimit gilt für beide Spieler.[140]

(2) Überschreitet einer der Spieler das für das Turnier festgelegte Zeitlimit, ist dies ein Standardfoul. Die Aufnahmeberechtigung wechselt unter der in der disziplinspezifischen Spielregel für ein solches Foul vorgesehenen Maßnahme zum Gegner. Die Regel *„6.17 Unsportliches Verhalten"* kann hier ebenfalls zur Anwendung kommen.

6.16 Foul mit einer Aufbauhilfe ("Template")

(1) Wenn die von der Spielfläche entfernte Aufbauhilfe („Template") z.B. auf die Bande gelegt wird, so ist es ein Foul, wenn sie während des Spiels von irgendeiner im Spiel befindlichen Kugel berührt wird.

6.17 Unsportliches Verhalten

140 Ein Spieler kann auch selber eine Shot-Clock verlangen, wenn er der Meinung ist, das sich sein Gegner extrem viel Zeit lässt. Inwiefern das bei Mannschafts- begegnungen durchführbar ist, kann nur der entsprechende Sportwart entscheiden. Ansonsten ist der Kommentar vollkommen ausreichend.

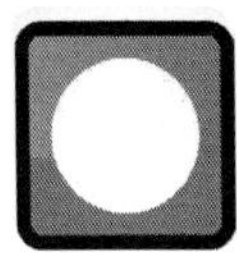

(1) Die übliche Strafe für unsportliches Verhalten ist die gleiche wie nach einem weitergehenden Foul. Es steht einem Schiedsrichter jedoch frei, eine Strafe zu verhängen, die er für angemessen hält.[141]

(2) Unter Anderem kann ein Schiedsrichter folgende Maßnahmen ergreifen:[142]

a) eine Verwarnung aussprechen
b) auf ein Standardfoul erkennen, welches unter Umständen zur Drei-Foul-Strafe zählt
c) auf ein weitergehendes Foul erkennen
d) den Verlust eines Spiels, Satzes oder einer Partie erklären
e) einen Spieler disqualifizieren, vom Turnierbetrieb ausschließen nebst Aberkennung sämtlicher Resultate und Verlust jeglicher Preisgelder.

(3) Als unsportliches Verhalten ist jegliches Verhalten einzuordnen, welches dem Billardsport schadet, wider die Natur des Spiels gerichtet ist, den allgemein gültigen Regeln für gutes Benehmen widerspricht

141 Der Ermessensspielraum des Schiedsrichters in diesem Punkt sollte angemessen sein. Dabei ist immer ein persönliches Gespräch mit dem entsprechenden Spieler vorzuziehen, als eine Entscheidung weit weg vom Geschehen.

142 Dabei darf er auch z.B. ein Time Out verhängen, um beiden Spielern eine „Beruhigungsphase“ zu gönnen.

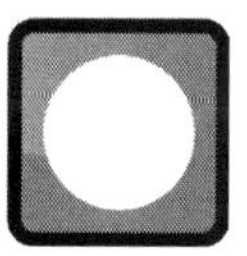

oder einen sportlichen und fairen Verlauf einer Partie zerstört. Dazu gehört zum Beispiel:[143]

a) Ablenken des Gegners
b) Verändern der Position von Kugeln, anders als durch einen Stoß
c) absichtliches Abrutschen während eines Stoßes
d) Weiterspielen, nachdem ein Foul begangen oder das Spiel unterbrochen wurde
e) Üben während der Partie
f) Markieren des Tischs
g) Verzögern des Spiels
h) Benutzung nicht genehmigter Ausrüstung.

---

143 Es würde jetzt hier zu weit führen, alle Umstände von Unsportlichem Verhalten aufzuführen, denn es sind grenzenlose Möglichkeiten gegeben, den Gegner zu beeinflussen. Dabei verschmelzen sehr häufig die Grenzen zwischen Psychologischer Anwendung und unsportlichem Verhalten. Hier ist Erfahrung immer sehr hilfreich.

7. Regeln / Regularien für Rollstuhlfahrer [144]

7.1 Spieler

(1) Alle Spieler, die unter dieser Kategorie fallen, müssen eine Bewegungsbehinderung aufweisen, die sie zur Benutzung eines Rollstuhles zu 80% zwingt.

(2) Unter Umständen kann die Bescheinigung eines Arztes erforderlich sein.

7.2 Fouls

(1) Der Spieler muss während des Stoßes sitzen bleiben. Mindestens eine Gesäßhälfte muss sich auf dem Sitz oder dem Sitzkissen befinden.

(2) Wird ein Sitzkissen benutzt, muss dieses flach auf dem Sitz des Rollstuhls liegen und die Sitzfläche vollständig bedecken. Das Sitzkissen darf nicht so zusammengefaltet werden, dass ein Spieler sich rittlings darauf setzen könnte.

---

144 Hierbei handelt es sich eigentlich eher um eine Materialnorm und einen Verhaltenskodex denn um eine Spielregel. Daher wird dieser Bereich nicht kommentiert.

(3) Der Spieler darf sich nicht auf ein Rad oder eine Armlehne setzen.

(4) Die Höhe des Sitzes einschließlich Sitzkissen darf vom Boden ab gemessen 27 Inches oder 68,5 cm nicht überschreiten.

(5) Der Spieler darf während seines Stoßes mit keinem Fuß den Boden berühren.

(6) Der Spieler darf seine Beine nicht zur Unterstützung eines Stoßes gegen den Tisch oder seinen Rollstuhl lehnen.

(7) Es ist den Spielern erlaubt, Hilfsmittel wie Queueverlängerungen, spezielle Hilfsqueues, etc. zu benutzen. Es darf den Spielern während des eigentlichen Stoßes nicht geholfen werden. Eine andere Person darf das Hilfsqueue halten, aber den Stoß muss der Spieler alleine ausführen.

(8) Benötigt ein Spieler Hilfe, um sich um den Tisch zu bewegen, so darf er diese Hilfe in Anspruch nehmen. Der Rollstuhl darf während des Stoßes von keiner anderen Person berührt werden.

7.2.1 Bestrafung für Fouls nach 7.2

(1) Verstöße gegen oben genannte Regeln werden gemäß *„6.17 Unsportliches Verhalten“* üblicherweise wie folgt geahndet:

a) Bei der ersten Zuwiderhandlung erhält der Gegner Lageverbesserung auf dem ganzen Tisch.

b) Bei der zweiten Zuwiderhandlung verliert der Spieler ein Spiel.

c) Bei der dritten Zuwiderhandlung verliert der Spieler die gesamte Partie.

d) Der Schiedsrichter kann die Bestrafung der Art und Weise der Zuwiderhandlung anpassen.

7.3 Anforderungen an den Rollstuhl

(1) Es dürfen keine Stehhilfen benutzt werden, die es dem Spieler erlauben, aus der stehenden Position zu spielen.

(2) Der Rollstuhl eines jeden Spielers soll sauber und in guter mechanischer Gesamtverfassung sein.

8. Definitionen

Die folgenden Definitionen werden in dieser Spielregel gebraucht.

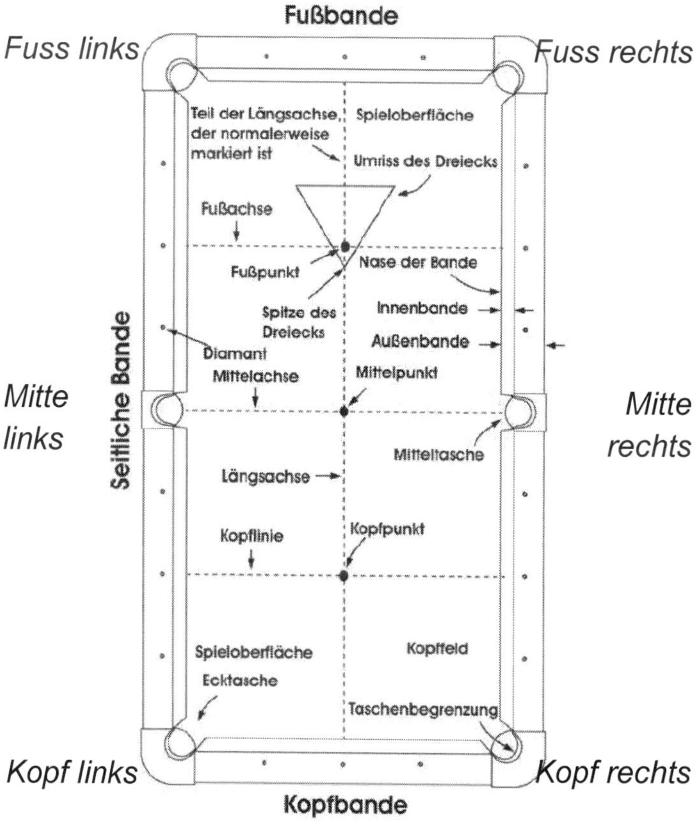

Fußbande

Fuss links

Fuss rechts

Teil der Längsachse, der normalerweise markiert ist

Spieloberfläche

Umriss des Dreiecks

Fußachse

Fußpunkt

Nase der Bande

Spitze des Dreiecks

Innenbande

Außenbande

Diamant

Mittelachse

Mittelpunkt

Seitliche Bande

Mitte links

Mitte rechts

Mitteltasche

Längsachse

Kopflinie

Kopfpunkt

Spieloberfläche

Kopffeld

Ecktasche

Taschenbegrenzung

Kopf links

Kopf rechts

Kopfbande

8.1 Teile des Tisches

(1) Die folgenden Definitionen der Teile des Tischs beziehen sich auf die obere Abbildung.[145]

(2) Details bezüglich der exakten Größe und Platzierung befinden sich in den Ausrüstungsspezifikationen der WPA[146]. Sie können abgerufen werden auf der Webseite der WPA unter www.wpa-pool.com.

(3) Der Tisch besteht aus den Banden, der Spielfläche und den Taschen.

(4) Das Fußende des Tischs ist dort, wo das Dreieck eingezeichnet wurde. Das Kopfende ist dort, von wo aus das Spiel mit der Spielkugel begonnen wird.

(5) Das Kopffeld ist der Bereich zwischen der Kopfbande und der Kopflinie, wobei die Kopflinie nicht zum Kopffeld zählt.

(6) Die Bandengummis, deren Oberfläche, die Taschen

---

145 Pflichtmarkierungen sind folgende: Kopflinie; Kopfpunkt; Mittelpunkt (nur für 14.1.); Fußpunkt; Fußlinie; Dreieck: Diamanten auf der Bande; Ansonsten ist der Regeltext erschöpfend.

146 WPA=World Pool Association = Weltverband des Pool Billard Sportes

und deren Begrenzungen sind Teil des Bandenspiegels.

(7) Es gibt vier „Linien" auf der Spielfläche, wie in der Abbildung dargestellt:
   a) die Längslinie, die mittig durch den Tisch verläuft
   b) die Kopflinie, die ein Viertel des Tischs nahe der Kopfbande begrenzt
   c) die Fußlinie, die ein Viertel des Tischs nahe der Fußbande begrenzt
   d) die Mittellinie, die zwischen den beiden Mitteltaschen verläuft.

(8) Diese gedachten Linien werden ausschließlich so markiert, wie hier im weiteren Verlauf beschrieben.

(9) Der Bandenspiegel hat Einlegearbeiten, die als „Diamanten" bezeichnet werden. Die Diamanten markieren ein Viertel der Breite und ein Achtel der Länge des Tischs, gemessen von den Nasen der Banden.

(10) Auf der Spielfläche werden folgende Linien eingezeichnet, wenn sie in der spezifischen Disziplin, welche gespielt werden soll, zur Anwendung kommen:
   a) der Fußpunkt, wo sich Längslinie und Fußlinie treffen

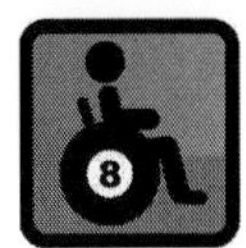

b) der Kopfpunkt, wo sich Längslinie und Kopflinie treffen
c) der Mittelpunkt, wo sich Längslinie und Mittellinie treffen
d) die Kopflinie
e) die Längslinie zwischen Fußpunkt und Fußbande
f) das Dreieck.

8.2 Stoß

(1) Ein Stoß beginnt, wenn die Pomeranze die Spielkugel während einer nach vorne gerichteten Stoßbewegung des Queues berührt.

(2) Ein Stoß endet, wenn alle im Spiel befindlichen Kugeln aufgehört haben, sich zu drehen oder zu bewegen.

(3) Ein Stoß wird als regelgerecht angesehen, wenn der Spieler während des Stoßes kein Foul begangen hat.

8.3 Versenkte Kugel

(1) Eine Kugel gilt als versenkt, wenn sie in einer Tasche unterhalb der Spielfläche zur Ruhe kommt oder in den Ballrücklauf fällt.[147]

147 Eine Kugel in der Tasche kann natürlich noch rollen und/oder sich bewegen, ist aber trotzdem versenkt.

(2) Liegt eine Kugel am Rande einer Tasche und wird durch eine andere Kugel gehalten, so gilt sie als versenkt, wenn sie fallen würde, wenn man die andere Kugel entfernt.[148]

(3) Läuft eine Kugel an den Rand einer Tasche und bleibt dort scheinbar bewegungslos für fünf Sekunden oder länger liegen, so gilt sie nicht als versenkt, auch wenn sie später noch „von alleine" in die Tasche fallen sollte (siehe *„1.7 Zur Ruhe kommende Kugeln"* für weitere Details).[149]

(4) Während dieser Zeitspanne von fünf Sekunden muss der Schiedsrichter darauf achten, dass kein weiterer Stoß ausgeführt wird.[150]

(5) Eine Kugel, die aus einer Tasche auf die Spielfläche zurück springt, gilt als nicht versenkt.[151]

(6) Berührt die Spielkugel eine bereits versenkte Objektkugel, so gilt sie als versenkt, egal, ob sie aus

---

148 Dabei ist es unerheblich, ob Spielkugel oder Objektkugel.

149 Das gilt ebenfalls für beide Kugelsorten.

150 Fingerspitzengefühl.

151 Diese gilt für Objektkugeln immer, für die Spielkugel nur dann, wenn keine Kugeln vorher in der Tasche lagen.

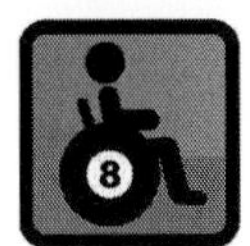

der Tasche auf die Spielfläche zurück springt oder nicht.[152]

(7) Der Schiedsrichter leert volle Taschen und entfernt die versenkten Kugeln. Die Verantwortung, dass dies geschieht, obliegt den Spielern.[153]

8.4 Anlaufen an eine Bande[154]

(1) Die Bandenberührung einer Kugel gilt als erfolgt, wenn die Kugel vor dem Stoß keine Bande berührt hatte und sie im Verlauf des Stoßes eine Bande berührt.

(2) Eine Kugel, die zu Beginn eines Stoßes eine Bande berührt („press" liegt), muss diese Bande zunächst verlassen und dann diese erneut (oder eine andere Bande) berühren, um die Voraussetzungen für eine korrekte Bandenberührung zu erfüllen.

(3) Eine Kugel, die versenkt wurde oder vom Tisch gesprungen ist, gilt, als habe sie eine Bande berührt.

---

152 Daher ist immer darauf zu achten, das die Tasche in die man spielt, immer leer ist.

153 Ein „Kannst Du bitte mal?" bewirkt manchmal Wunder.

154 Dieser Text ist selbsterklärend, ein Zeigen auf dem Tisch sollte jedoch stattfinden.

(4) Eine Objektkugel, die im Ruhezustand eine Bande berührt, ist „Press an Bande".

(5) Jegliche Kugel wird als nicht „press" an einer Bande liegend angesehen, solange sie nicht vom Schiedsrichter, Spieler oder Gegner als solche angesagt worden ist (siehe auch Regularien Tz. 27. Ansage von press liegenden Kugeln).

8.5 Vom Tisch gesprungene Kugeln

(1) Eine Kugel gilt als vom Tisch gesprungen, wenn sie woanders als auf der Spielfläche zur Ruhe kommt und nicht in eine Tasche versenkt wurde.[155]

(2) Eine Kugel gilt auch dann als vom Tisch gesprungen, wenn sie von einem Gegenstand wie z.B. der Lampe, einem Stück Kreide oder einem Spieler zurück auf den Tisch gelenkt wurde.[156]

(3) Eine Kugel, die auf der Bande entlang läuft, gilt nicht

---

155 Dabei ist es ebenfalls Foul, wenn sie auf der Bande zur Ruhe kommt.

156 Hier ist ein Erklären mit der Ballistischen Kurve der Spielkugel sehr hilfreich.

als vom Tisch gesprungen, wenn sie auf die Spielfläche zurückläuft oder in eine Tasche fällt.[157]

8.6 Versenken der Spielkugel oder „Scratch"

Fällt bei einem Stoß die Spielkugel in eine Tasche, gilt sie als versenkt.[158]

8.7 Die Spielkugel („Weiße")

(1) Die Weiße ist die Spielkugel.[159]

(2) Traditionell ist sie ganz weiß. Sie kann aber auch mit einem Logo oder Punkten versehen sein.

(3) Beide Spieler benutzen die zum Kugelsatz zugehörige Spielkugel.

8.8 Objektkugeln

(1) Die Objektkugeln werden vorzugsweise so mit der Spielkugel angespielt, dass sie in eine Tasche fallen.

---

157 Das ist zwar selten, passiert aber.

158 Der amerikanische Begriff für eine versenkte Spielkugel ist: „Scratch".

159 Die DBU hat das Material in der Materialnorm, sowie in den Ausschreibungen genormt.

(2) Objektkugeln sind typischerweise mit Nummern versehen, beginnend mit der Nummer eins.

(3) Farben und Markierungen der Kugeln sind in den Ausrüstungsspezifikationen der WPA beschrieben.

8.9 Satz oder Satzsystem

Unter Umständen ist eine Partie in Sätze unterteilt. Zum Gewinn der Partie ist der Gewinn einer bestimmten Anzahl von Sätzen erforderlich. Der Gewinn eines Satzes wiederum erfordert den Gewinn einer zuvor festgelegten Anzahl von Spielen. Man spricht hier auch von „Gewinnspielen“.[160]

8.10 Spiel oder „Rack“[161]

a) Als Rack wird die Aufbauhilfe bezeichnet, i.d.R. in der Form eines Dreieckes, mit der die Objektkugeln innerhalb der Markierung im Fußfeld aufgebaut werden.

b) Die aufgebauten Kugeln im Fußfeld werden ebenfalls als Rack bezeichnet.

160 Die genaue Anordnung entnimmt entweder dem Sportprogramm eines jeweiligen Verbandes oder der STO der DBU.

161 Die amerikanische Sprache ist ein wenig komisch, in dieser Textziffer erkennt man das definitiv. Es sollte jedem klar sein, was gemeint ist.

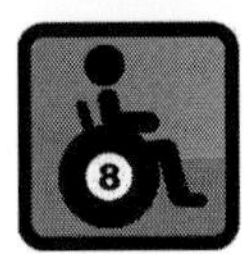

c) Die Tätigkeit des Aufbauens wird ebenfalls als Rack bezeichnet.

d) Der Gewinn eines Spiels wird in den Disziplinen, in denen Gewinnspiele ausgespielt werden, ebenfalls als Rack bezeichnet

(1) Vor einem Spiel werden die Objektkugeln unter Zuhilfenahme eines Dreiecks zu der für die zu spielende Disziplin notwendigen Formation aufgebaut und angeordnet.

(2) Als „Rack" bezeichnet man eine zum Zweck des Anstoßes aufgebaute Formation von Objektkugeln und eventuell auch das zu spielende Spiel, sofern dies, wie in der Disziplin

(3) 9-Ball, Teil eines Satzes ist und mit einem Punkt je gewonnenes Spiel („Rack") gewertet wird.

8.11 Anstoß

(1) Als Anstoß bezeichnet man den Eröffnungsstoß eines Spiels.

(2) Ein Anstoß wird üblicherweise mit der Spielkugel und „Ball in Hand" aus dem Kopffeld gespielt. Der ausführende Spieler versucht i.d.R., die Formation

der aufgebauten Objektkugeln so zu treffen, dass diese weiträumig auseinander laufen.

8.12 Aufnahme

(1) Die Aufnahme ist der Zeitraum, in dem der aufnahmeberechtigte Spieler am Tisch verbleibt.

(2) Die Aufnahme beginnt, wenn ein Spieler laut Spielregel an der Reihe ist und sie endet nach der Ausführung seines Stoßes, sofern die disziplinspezifische Spielregel besagt, dass er keinen weiteren Stoß durchführen darf.

(3) In einigen Disziplinen hat der aufnahmeberechtigte Spieler die Wahl, ob er einen Stoß ausführen möchte oder nicht. Lehnt ein Spieler in einer solchen Situation die Aufnahme ab, muss der Gegner weiterspielen (z.B. nach einem „Push Out" beim 9-Ball).[162]

(4) Der Spieler, der an der Reihe ist, wird „der aufnahmeberechtigte Spieler" genannt.

---

162 Das bedeutet, das wenn ein Spieler die Aufnahme erhält, er auch definitiv spielen muss (Ausnahme: Push-Out im 9- und 10-Ball). Sollte er die Aufnahme nicht beginnen, so wird das mit einem Standardfoul geahndet. Ein weiterer Verstoß wird i.d.R. mit einer Verwarnung und dem Satzverlust geahndet. Eine weitere kann zur Disqualifikation führen.

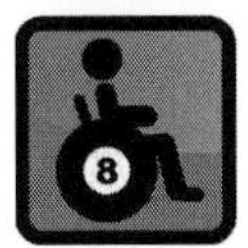

8.13 Position der Kugeln

(1) Die Position einer Kugel wird dadurch bestimmt, in dem durch eine Draufsicht von oben geprüft wird, wo sich ihr Mittelpunkt auf der Spielfläche befindet.

(2) Eine Kugel befindet sich auf einer Linie oder auf einem Punkt, wenn sich ihr Mittelpunkt direkt darauf befindet.

8.14 Wiedereinsetzen von Objektkugeln

(1) In einigen Disziplinen kann es erforderlich werden, dass Objektkugeln, außer für den Anstoß, wieder auf die Spielfläche eingesetzt werden müssen.

(2) Sie werden dann als „wieder aufgebaut" oder „wieder eingesetzt" bezeichnet (siehe auch *„1.4 Wiedereinsetzen von Kugeln"*).

8.15 Wiederherstellen einer Position

(1) Wenn die Lage von Kugeln verändert wurde, kann eine disziplinspezifische Spielregel verlangen, dass ihre vorige Position wieder hergestellt wird.

(2) In einem solchen Fall legt der Schiedsrichter die Kugeln so nahe wie möglich an ihre ursprüngliche Position zurück.[163]

8.16 Jump Shot

(1) Bei einem Jump Shot springt die Spielkugel über eine Objektkugel oder über den Teil einer Bande.

(2) Ob ein Jump Shot regelkonform gespielt wurde, ist an der technischen Ausführung und an der Intention des Vorhabens zu erkennen.[164]

(3) Üblicherweise wird ein regelkonformer Jump Shot so ausgeführt, indem das Queue hinten angehoben und die Spielkugel nach unten in Richtung der Spielfläche gestoßen wird, von der sie dann zurückspringt.[165]

---

163 Sollte der Schiedsrichter die Position nicht wiederherstellen können, so wird dieses Spiel abgebrochen und wieder neu begonnen. Der ursprünglich anstoßende Spieler stößt wieder an. Dabei wird das Wechselbreak Verfahren nicht geändert.

164 Dazu sollte man schon einmal einen korrekten Jump-Shot gesehen haben.

165 Das kann mit einem Breakqueue, einem Spielqueue oder einem speziellen Jumpqueue geschehen. Verboten sind Queues, deren Gesamtlänge weniger als 101 cm lang sind. Die Ferrule darf aus Metall sein, solange sie eine Gesamtlänge von 2,54 cm nicht überschreitet. Dieses Maß wird in

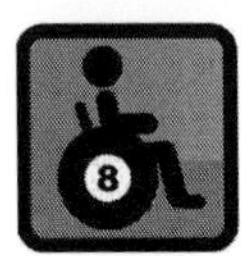

8.17 Sicherheitsstoß

(1) Ein Sicherheitsstoß kann nur in Ansagespielen angesagt werden.[166]

(2) Der aufnahmeberechtigte Spieler muss vor dem Stoß dem Schiedsrichter oder dem Gegner eine „Sicherheit" ankündigen.[167]

(3) Die Aufnahme wechselt nach Beendigung des Sicherheitsstoßes zum Gegner.[168]

8.18 Abrutschen

(1) Um ein Abrutschen handelt es sich, wenn die Pomeranze von der Spielkugel abrutscht. Dies geschieht meistens, wenn die Spielkugel dezentral getroffen

---

der Materialnorm der WPA geregelt, da die darunterliegenden Materialnormen diese nicht beinhalten.

166 *Das bedeutet in allen innerhalb der DBU gespielten Spielen kann er angesagt werden. Allerdings wird eine Nichtansage nicht bestraft, solange es die Disziplinspezifische Regel es nicht bestraft.*

167 *Im 9-Ball oder 10-Ball kann es dazu führen, das wenn die korrekte Kugeln gesenkt wird, ohne die Ansage vorher zu machen, die Aufnahme weitergespielt werden muss. Im 10-Ball gibt es einen Sonderfall, der allerdings im 10-Ball genauer erklärt wird.*

168 *Und sie kann nur im 10-Ball unter bestimmten Voraussetzungen zurückgegeben werden.*

wird oder sich zu wenig Kreide auf der Pomeranze befindet.[169]

(2) In der Regel geht das Abrutschen mit einem scharfen klickenden Geräusch einher. An der Pomeranze ist meist eine blank geriebene Stelle erkennbar.[170]

(3) Es ist möglich, dass bei einem Abrutschen die Spielkugel mit der Ferrule berührt wird. Dies ist nur dann als Foul zu werten, wenn ein solcher Kontakt zweifelsfrei erkannt wurde.

(4) Ein Stoß, bei dem die Pomeranze die Spielfläche und die Spielkugel annähernd gleichzeitig trifft und dadurch ein Abheben der Spielkugel von der Spielfläche bewirkt, wird wie ein Abrutschen behandelt.[171]

(5) Ein absichtliches Spielen eines solchen Stoßes fällt unter Regel *„6.16 Unsportliches Verhalten“*.[172]

---

169 Soweit zur technischen Komponente.

170 Dazu ist ein genaues Beobachten der Pomeranze jedoch notwendig. Sollte diese blanke Stelle auf der Pomeranze zu sehen sein, ist es definitiv kein Foul aufgrund des Abrutschen. Alle anderen Gründe für ein Foul sind jedoch noch in Kraft.

171 Das heißt, auch hier sind die TZ (1-3) zu berücksichtigen.

172 Dazu muss der Schiedsrichter sich sehr sicher sein. Eine genaue Beobachtung ist dazu notwendig. Auch hier ist

9. 10-Ball

(1) 10-Ball wird neben der Spielkugel mit den zehn Objektkugeln gespielt, die mit den Nummern 1-10 versehen sind.

(2) 10-Ball ist ein Ansagespiel.

(3) Die Objektkugeln sind in ihrer aufsteigenden numerischen Reihenfolge anzuspielen bzw. zu versenken. Wird die „10“ bei einem korrekten Anstoß versenkt, so wird sie wieder aufgebaut und der anstoßende Spieler verbleibt an der Aufnahme.[173]

9.1 Entscheidung über den Anstoß

(1) Der Spieler, der das Ausstoßen gewonnen hat, bestimmt, wer den ersten Anstoß ausführen muss (siehe *„1.2 Ausstoßen des Anstoßrechts“*).[174]

(2) Der Standard beim 10-Ball ist „Wechselbreak”. Das Anstoßrecht wechselt bei jedem neuen Spiel. In den

---

Erfahrung sehr hilfreich.

173 Hiermit ist endgültig der Mythos eines angesagten Asses erledigt.

174 Sollte der Ausstoßgewinner entscheiden, das der andere Spieler beginnt, so muss derjenige auch anfangen.

Regularien (Tz. 15. Reihenfolge des Anstoßens) werden jedoch Alternativen hierfür aufgezeigt.[175]

9.2 Der Aufbau beim 10-Ball

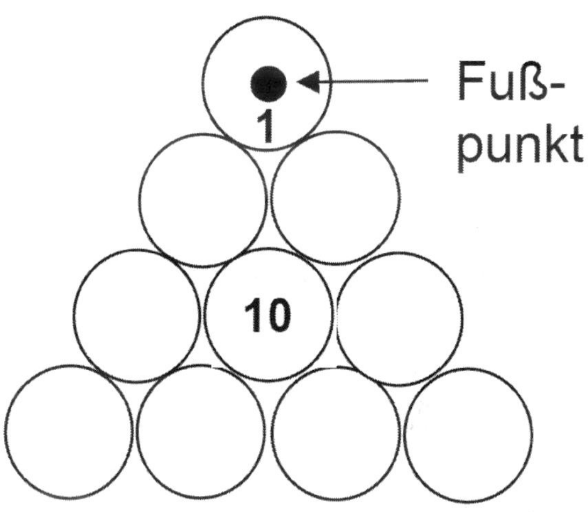

(1) Die Objektkugeln werden so eng aneinander wie möglich in der Form eines Dreiecks zusammengelegt, wobei die 1 an der vorderen Spitze und die 10 in der Mitte des Dreiecks platziert wird.

---

175 *Auch hier ist die Ausschreibung, bzw. das Sportprogramm entscheidend. Auf DBU Ebene wird Wechselbreak gespielt.*

(2) Die 1 liegt auf dem Fußpunkt.[176]

(3) Alle anderen Objektkugeln werden nach dem Zufallsprinzip aufgebaut. Es darf keinem absichtlichen Muster gefolgt werden (siehe auch Regularien Tz. 4. Aufbau / Einklopfen der Kugeln).

9.3 Korrekter Anstoß[177]

Folgende Regeln gelten für den Anstoß:

a) Die Spielkugel wird aus dem Kopffeld gespielt.
b) Es muss zuerst die 1 angespielt werden.
c) Falls keine Kugel versenkt wird, müssen mindestens vier Objektkugeln an eine oder mehrere Banden laufen, oder der Stoß gilt als Foul (siehe auch Regularien Tz. 17. Bedingungen für den Anstoß).

9.4 Zweiter Stoß des Spiels – „Push Out"

(1) Falls beim Anstoß kein Foul begangen wurde, kann

176 Innerhalb der DBU ist das so. Auf EPBF Ebene oder auf höherer Ebene kann eine andere Aufbauvariation benutzt werden (9 auf dem Fußpunkt).

177 Unter Umständen wird auf EPBF oder höherer Ebene eine Änderung vorgegeben (z.B. Breakbox, Kitchenrule-Regelung, etc.).

der danach aufnahmeberechtigte Spieler entscheiden, einen „Push Out“ zu spielen. Er muss diese Absicht dem Schiedsrichter mitteilen..[178]

(2) Während eines „Push Out” entfallen die Regeln *„6.2 Falsche Objektkugel“* und *„6.3 Keine Bande nach der Karambolage“* für diesen Stoß.[179]

(3) Falls bei einem „Push Out“ kein Foul begangen wird, kann der Gegner sich aussuchen, ob er den Tisch übernehmen möchte, oder ob der Spieler noch einmal stoßen muss.[180]

(4) Wird die 10 bei einem „Push Out“ versenkt, so wird sie straflos wiederaufgebaut.[181]

9.5 Spiel mit Ansage

(1) Außer beim Anstoß muss der Spieler immer ansagen, welche Kugel er in welche Tasche spielen möchte, falls das nicht offensichtlich ist. Details eines Stoßes wie anzulaufende Banden oder andere Kugeln, die

---

178 Und das geht nur nach einem korrektem Anstoß, ansonsten geht's nicht.

179 Alle anderen gelten, nicht vergessen!

180 Gibt er die Aufnahme wieder ab, muss der andere weiterspielen.

181 Sage ich doch?

während des Stoßes angelaufen werden sollen, müssen nicht angesagt werden.[182]

(2) Damit ein angesagter Stoß für den Spieler zählen kann, muss der Schiedsrichter der Überzeugung sein, dass der Stoß so resultiert wie beabsichtigt. Jegliche mögliche Verwirrung, die z. B. durch Banden, Kombinations- oder andere unvorhersehbare Stöße eintreten kann, sollte dadurch vermieden werden, dass der Spieler in diesem Fall die entsprechende Tasche und das Loch ansagt. Falls der Schiedsrichter oder der Gegner sich nicht sicher sind, welche Ansage vorliegt, können sie den Spieler danach fragen

9.6 Sicherheitsspiel

(1) Ein aufnahmeberechtigter Spieler kann zu jeder Zeit eine „Sicherheit" ansagen. Die korrekte Objektkugel muss zuerst angespielt und die Bedingungen für einen korrekten Stoß müssen erfüllt werden. Es darf

---

182 *Das heißt, das eine angesagte und auch versenkte Kugel beim Anstoß keinen weiteren Vorteil bringt, denn eine versenkte Kugel würde auch ohne Ansage das Spielrecht erhalten. Lediglich die 10 wird wieder aufgebaut.*

keine Objektkugel versenkt werden. Die Aufnahmeberechtigung wechselt zum Gegner.[183]

(2) Versenkt ein Spieler mit einem Sicherheitsstoß die angespielte Objektkugel, so hat der Gegner die Wahl, ob er den Tisch unverändert übernimmt und weiterspielt oder die Aufnahmeberechtigung zurück gibt (siehe auch 9.7 Unkorrekt versenkte Objektkugeln; diese Regel trifft hier ebenfalls zu).[184]

9.7 Unkorrekt versenkte Objektkugeln

Gelingt es einem Spieler nicht, die angesagte Objektkugel in die entsprechende Tasche zu versenken, sondern die nominierte Objektkugel fällt in eine andere Tasche oder andere Objektkugeln werden in der Folge des Stoßes versenkt, so endet die Aufnahme für diesen Spieler. Der nun aufnahmeberechtigte Gegner hat die Wahl, ob er den Tisch unverändert übernimmt und weiterspielt oder die Aufnahmeberechtigung zurück gibt.[185]

183 *Eine Regel, die sich sowohl im Originaltext als auch in der Deutschen Übersetzung widerspricht. Wie auch immer, sie gilt und ist entsprechend zu befolgen.*

184 *Das Versenken einer nicht angespielten Objektkugel wird genauso geahndet, wie das Versenken der an der Reihe befindlichen Objektkugel.*

185 *Also, immer darauf achten, das die angesagte Objekt-*

9.8 Fortführung des Spiels

(1) Jede korrekt versenkte Objektkugel berechtigt einen Spieler seine Aufnahme fortzusetzen (außer *„9.4 Zweiter Stoß des Spiels – „Push Out"*").

(2) Alle zusätzlich versenkten Kugeln bleiben aus dem Spiel (außer die 10; siehe *„4.6 Wiedereinsetzen von Objektkugeln"*). Der Spieler setzt seine Aufnahme fort.

(3) Wenn ein Spieler die „10" ansagt und korrekt versenkt, bevor sich die „10" als letzte Kugel auf dem Tisch befindet, so wird die „10" wieder aufgebaut und der Spieler bleibt an der Aufnahme. (Wiederaufbau - Fußpunkt).

(4) Versenkt ein Spieler keine angesagte Objektkugel oder begeht er ein Foul, ist seine Aufnahme beendet. Wurde kein Foul begangen, muss der nun aufnahmeberechtigte Gegner den Tisch unverändert übernehmen und weiterspielen.

---

kugel auch in die angesagte Tasche fällt. Dabei ist es völlig unerheblich, wie viel Banden oder/und Kugelkontakte gehabt hat.

9.9 Wiedereinsetzen von Kugeln

(1) Die 10 wird wieder eingesetzt (siehe *„1.4 Wiedereinsetzen von Kugeln“*), sofern sie[186]

a) wenn sie beim Anstoß versenkt wird

b) mit einem Foul versenkt wurde

c) mit einem „Push Out” versenkt wurde

d) unbeabsichtigt in eine Tasche versenkt wurde

e) vom Tisch gesprungen ist.

(2) Keine andere Objektkugel wird wieder eingesetzt.

9.10 Standardfouls

(1) Begeht der an der Aufnahme befindliche Spieler ein Foul, wechselt die Aufnahme zum Gegner.

(2) Die Spielkugel ist dem Gegner in die Hand zu geben. Er darf sie überall auf dem Tisch platzieren (siehe 1.5 Lageverbesserung auf dem ganzen Tisch – Weiße „Ball in Hand”).[187]

---

186 Hier wird genau erklärt, warum die 10 beim Anstoß wieder aufgebaut wird, nämlich, weil es hier steht …

187 In Fällen, wo unter Shot-Clock gespielt wird, reicht es, die Spielkugel auf einem freiem Platz der Spielfläche zu legen und die Spielkugel freizugeben. Ab diesem Moment läuft die Stoppuhr wieder.

(3) Folgende Fouls sind Standardfouls in der Disziplin 10-Ball:[188]

a) 6.1 Weiße fällt in eine Tasche oder springt vom Tisch
b) 6.2 Falsche Objektkugel - Die erste Objektkugel, die von der Spielkugel berührt wird, muss immer die Objektkugel mit der niedrigsten Nummer sein, die sich noch auf der Spielfläche befindet.
c) 6.3 Keine Bande nach der Karambolage
d) 6.4 Kein Fuß auf dem Boden
e) 6.5 Kugel, die vom Tisch springt - Die einzige Kugel, die wieder eingesetzt wird, wenn sie vom Tisch gesprungen ist, ist die 10.
f) 6.6 Berühren der Kugeln
g) 6.7 Durchstoß / Press liegende Kugeln
h) 6.8 Schieben der Spielkugel
i) 6.9 Sich noch bewegende Kugeln
j) 6.10 Falsches Positionieren der Spielkugel
k) 6.12 Queue auf dem Tisch
l) 6.13 Spielen ohne Aufnahmeberechtigung
m) 6.15 Zeitspiel

---

188 Hier sind die Foularten aufgeführt, die beim 10-Ball gelten.

9.11 Schwerwiegende Fouls

(1) (1) Die Strafe für drei Fouls gemäß Regel *„6.14 Drei aufeinander folgende Fouls“* ist der Verlust des Spiels, in dem die Strafe zu verhängen ist.

(2) Für ein Foul gemäß Regel *„6.16 Unsportliches Verhalten“* wird der Schiedsrichter, unter Berücksichtigung der besonderen Art des Fouls, eine angemessene Strafe verhängen.[189]

9.12 Unentschieden

(1) Wertet der Schiedsrichter ein Spiel als „Unentschieden”, wird das Spiel neu begonnen.[190]

(2) Der Spieler, der ursprünglich das als „Unentschieden” gewertete Spiel angestoßen hat, muss wieder anstoßen (siehe *„1.12 Unentschieden“*).[191]

---

189 Als Mindeststrafe sollte der Spielverlust gelten, aber auch hier gilt mein Wahlspruch: Fingerspitzengefühl.

190 Natürlich erst nach dem Neuaufbau. Das Wechselbreak wird hierbei nicht geändert.

191 Sage ich doch ?

10. Anlage 1- Aufbaugrafiken

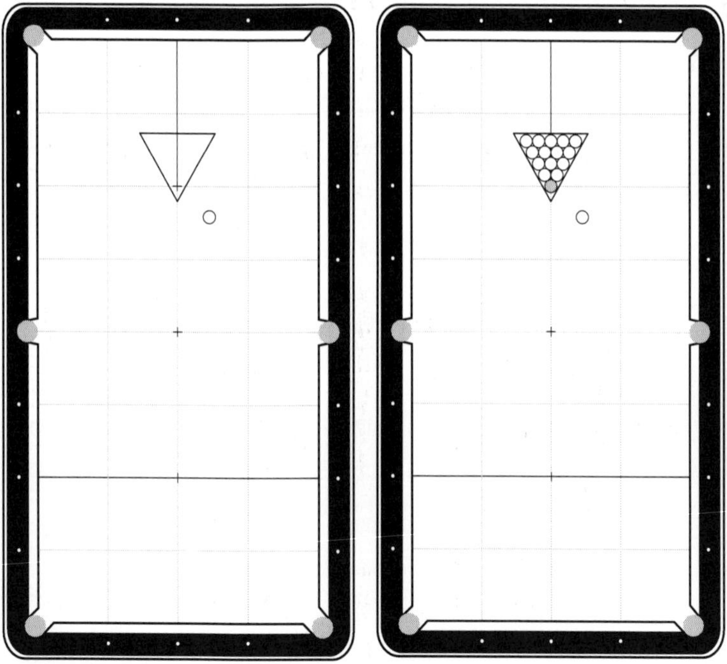

Beispiel 1 *Die 14. und 15. wurden versenkt.*

Lösung 1 *Das* Dreieck wird komplett neu aufgebaut. Die Weiße bleibt liegen.

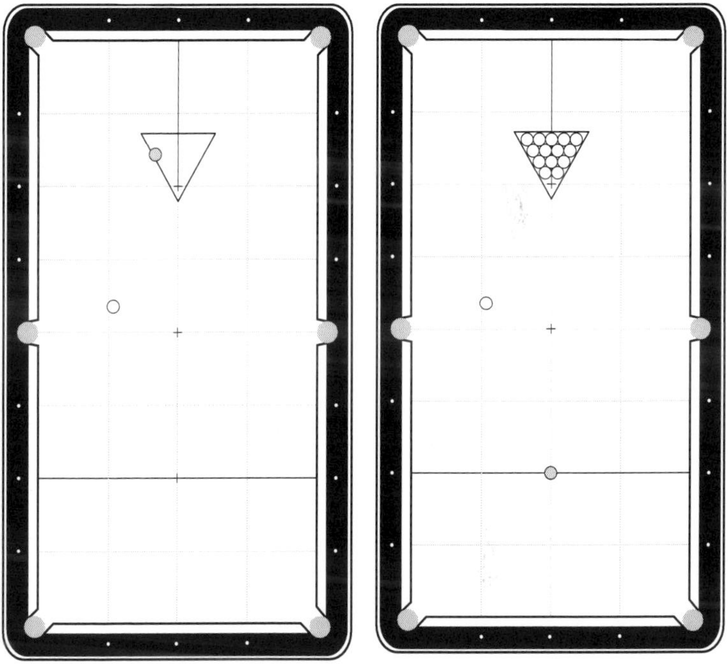

Beispiel 2: Die 15. Kugel behindert den Aufbau, die Weiße liegt irgendwo auf dem Tisch

Lösung 2: Die 15. Kugel kommt auf den Kopfpunkt. Die Weiße bleibt liegen.

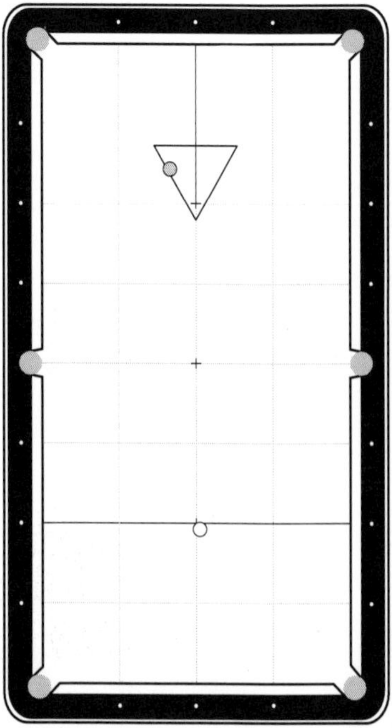

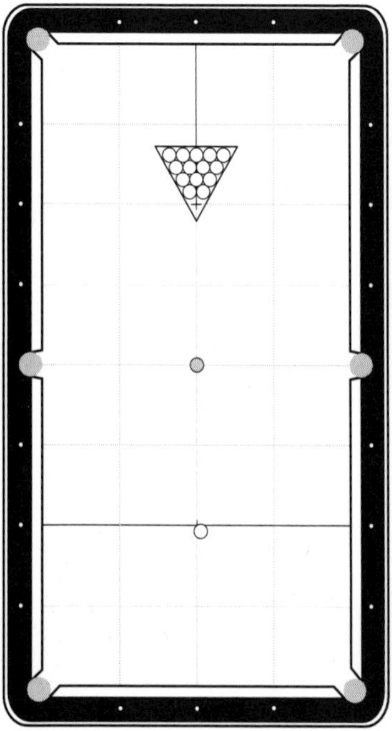

Beispiel 3 Die 15. Kugel behindert den Aufbau, die Weiße blockiert den Kopfpunkt

Lösung 3 Die 15. Kugel kommt auf den Mittelpunkt. Die Weiße bleibt liegen.

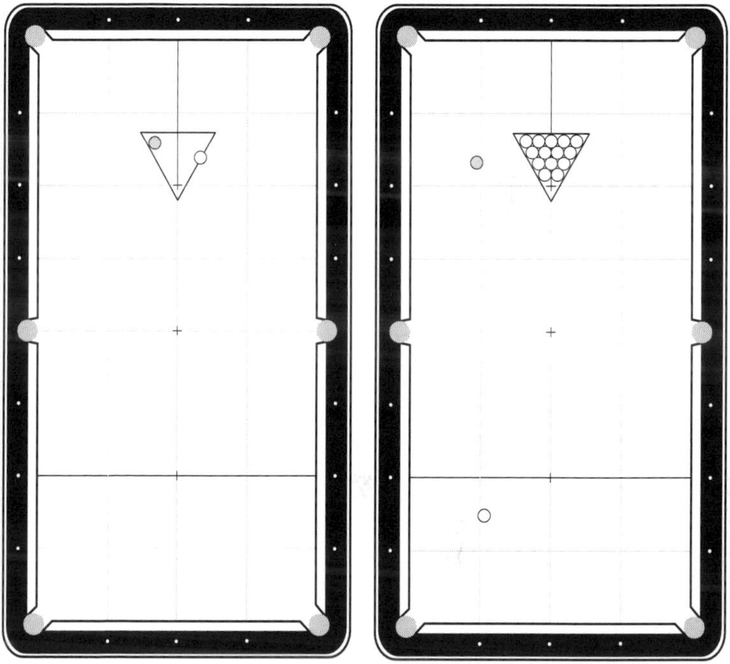

Beispiel 4 Die Weiße und die 15. Kugel behindern beide den Aufbau

Lösung 4 Das Dreieck wird komplett neu aufgebaut. Die Weiße wird irgendwo aus dem Kopffeld gespielt.

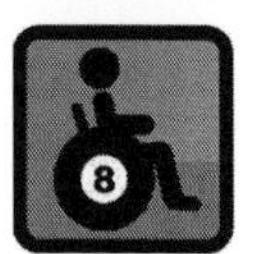

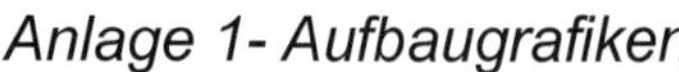

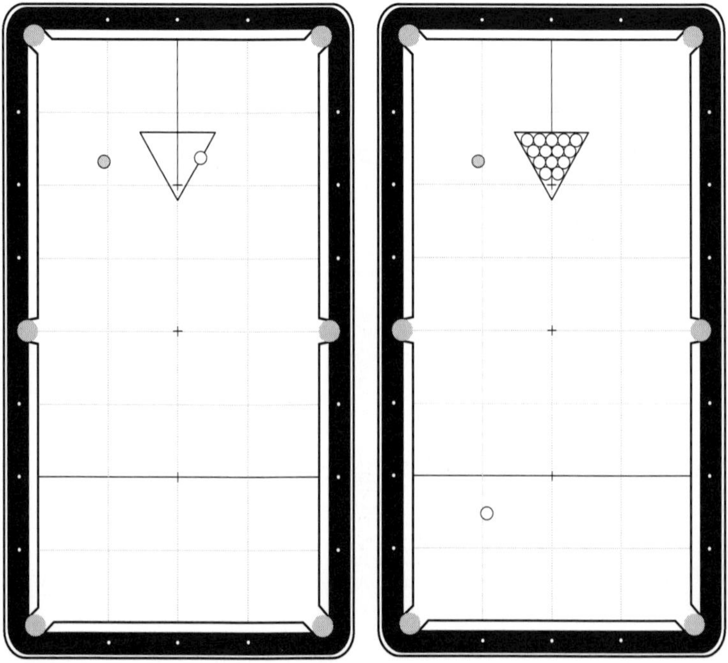

Beispiel 5 Die Weiße behindert den Aufbau, die 15. Kugel liegt nicht im Kopffeld

Lösung 5 Die Weiße kann irgendwo im Kopffeld platziert werden. Die 15. Kugel bleibt liegen.

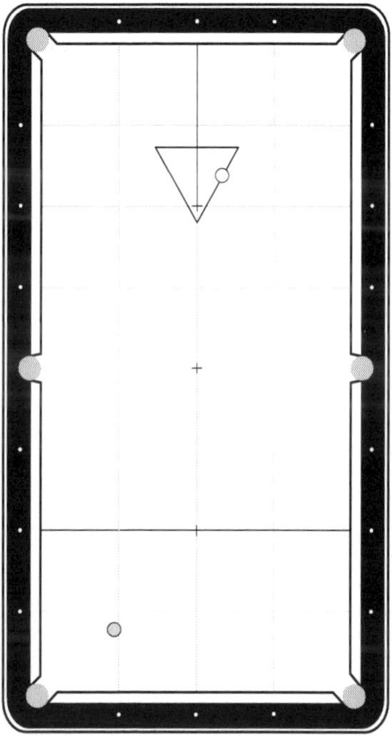

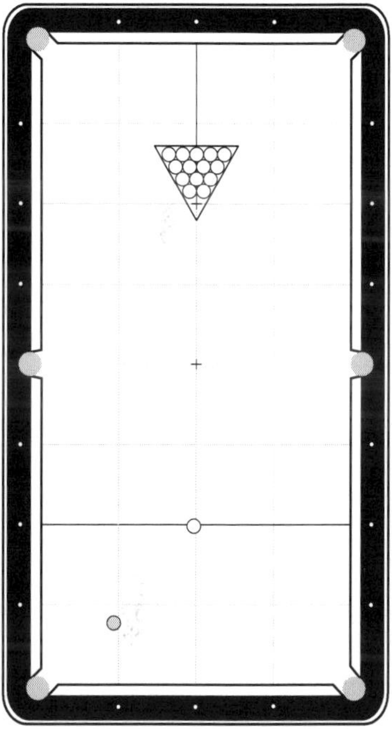

Beispiel 6 Die Weiße behindert den Aufbau, die 15. Kugel liegt im Kopffeld.

Lösung 6 Die Weiße wird auf den Kopfpunkt gesetzt und darf in jede beliebige Richtung gespielt werden. Die 15. Kugel bleibt liegen.

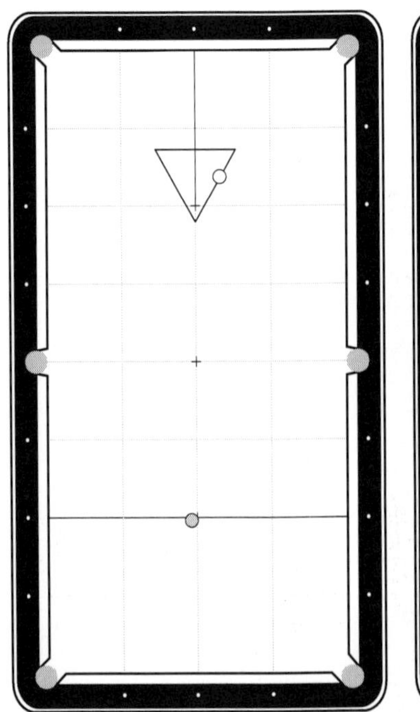

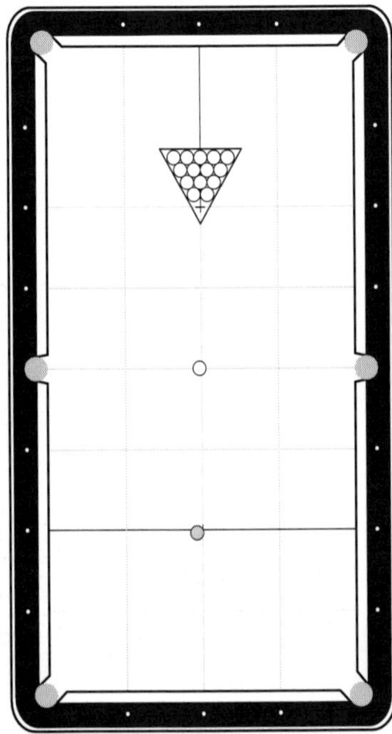

Beispiel 7 Die Weiße behindert den Aufbau, die 15. Kugel blockiert den Kopfpunkt.

Lösung 7 Die Weiße wird auf den Mittelpunkt gesetzt. die 15. Kugel bleibt liegen.

Billardfachbücher & DVD's aus dem Litho-Verlag
www.billardbuch.de

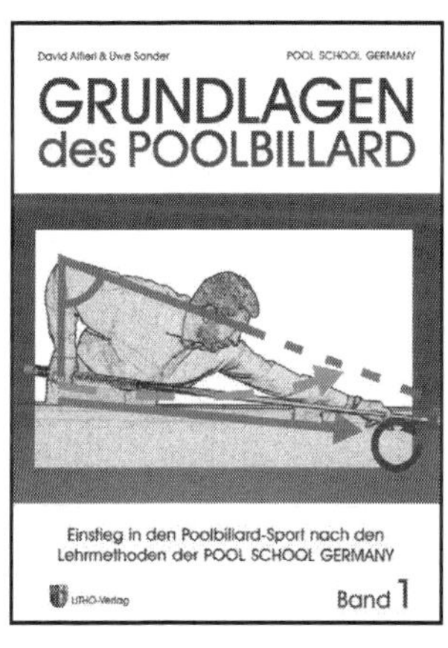

David Alfieri & Uwe Sander

Grundlagen des Poolbillard

Einstieg in den Poolbillard-Sport nach den Lehrmethoden der POOL SCHOOL GERMANY, Band 1

192 Seiten • 19,95 Euro
Format: 16,5 x 22,5 cm

4. Auflage 2002

ISBN Print: 978-3-9804706-6-7

ISBN ebook 978-3-941484-52-8

Der erste Band von David Alfieri und Uwe Sander, beide BCA-Lizenztrainer, ist ein Grundlagenwerk. Einfach und anschaulich vermittelt das Buch die Grundlagen des Poolbillard. Hierbei orientiert es sich an den Lehrmethoden der POOL SCHOOL USA. Diese wird geleitet von Jerry Briesath, einem der bekanntesten Profitrainer Nordamerikas. Von ihm bezogen Alfieri und Sander ihr Wissen und formulierten dies in dem ersten von drei Bänden. Für ihre Trainertätigkeit erhielten beide ein Diplom des Billiard Congress of Amerika (BCA); in Deutschland gründeten sie die POOL SCHOOL GERMANY und bilden seither Spieler und Trainer in ganz Europa aus.

Der Leser erhält einen Überblick über ein optimales Spielsystem (Ziel- und Stoßtechnik) im Poolbillard. Fehler in Bewegungsabläufen werden jahrelang unwissend eintrainiert und hemmen die Leistungssteigerung eines Spielers. In diesem Band wird der Zusammenhang zwischen Ursache und Wirkung gezeigt. Aussagen zu idealen Bewegungsabläufen werden nicht nur auf das „Wie", sondern auch auf das „Warum" hinterfragt. Weiterhin findet man viele brauchbare Materialtipps für Einsteiger und Profis.

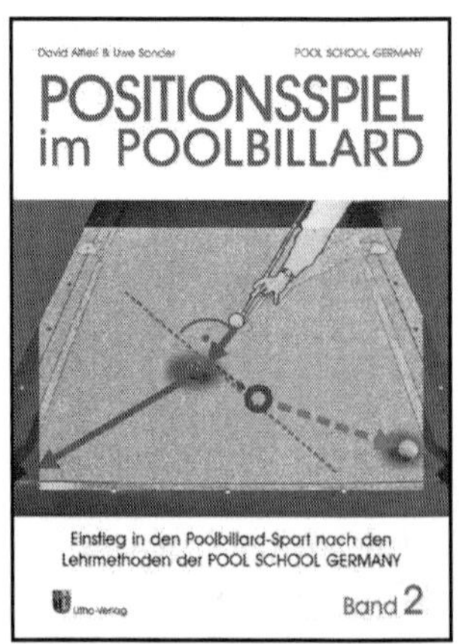

David Alfieri & Uwe Sander

Positionsspiel im Poolbillard

Einstieg in den Poolbillard-Sport nach den Lehrmethoden der POOL SCHOOL GERMANY, Band 2

264 Seiten • 19,95 Euro
Format: 16,5 x 22,5 cm

5. Auflage 2005

ISBN Print: 978-3-9804706-7-4

ISBN ebook: 978-3-941484-53-5

Ein Poolbillardspieler ist gut, wenn er jede Kugel trifft und versenkt. Besser ist er, wenn die Kugel versenkt und die Weiße so platziert wird, dass er auch die nächste Kugel noch versenken kann. Diese Positionen zu finden und zu wissen wie man sie erlangen kann, ist die große Kunst im Poolbillard. Das ist die Grundvoraussetzung, um mehr Erfolg zu haben.

Dieser 2. Band vermittelt die elementaren Grundlagen für das Positionsspiel und führt den Leser hin zu praktischen Übungen. Die physikalischen Vorgänge und deren Berechnung zur Positionierung der Weißen und zum Einlochen der Kugeln ist keine Zauberei, sondern die Folge von konsequenter strategischer Planung. Die Anschlussposition auf die nächste Kugel ist der Schlüssel zum erfolgreichen Spiel. Dieses Buch hilft und erklärt die dazu notwendigen Grundlagen. 250 Grafiken veranschaulichen die Geheimnisse des Positionsspiels im Poolbillard. Dieser Band der POOL SCHOOL GERMANY ist nach dem 1. Band „Grundlagen im Poolbillard“ die passende Ergänzung rund um das Wissen in diesem faszinierenden Sport.

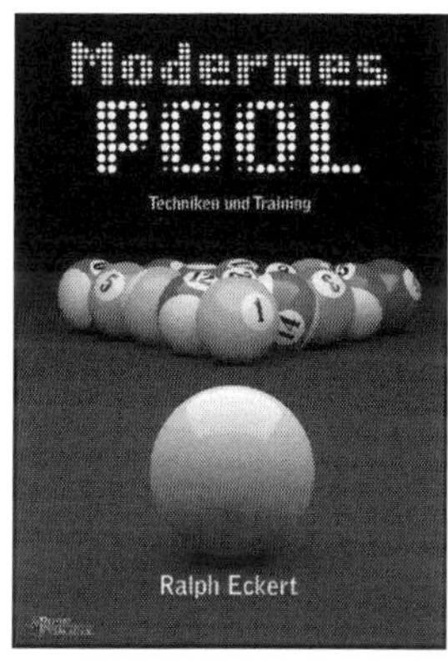

Ralph Eckert

Modernes Pool
Techniken und Training

192 Seiten • 29,95 Euro
Format: 19x26,5 cm

ISBN Print 978-3-9804706-0-5

ISBN Ebook: 978-3-941484-59-7

4. Auflage 2014

Bereits in der vierten Auflage erschienen besticht dieses Buch durch seine umfassende Beschreibung des Poolbillardspiels. Ralph Eckert hat mit diesem Buch ein vollständiges Lern- und Trainingsprogramm für Poolbillard verfasst, das den Anfänger zum Fortgeschrittenen macht. Es schließt die Lücken des Wissen um die Feinheiten des Spiels. Seine Stoßerklärungen und Trainingseinheiten sind in über 260 Grafiken illustriert und verdeutlichen mit den Beschreibungen, dass Poolbillard mehr ist als die Beherrschung der Regeln. Über 45 Fotografien zeigen Spielmaterial und die körperlich korrekte Haltung. Durch seine Vollständigkeit ist es für Anfänger das richtige Werk zum Erlernen dieses Sportes. Fortgeschrittene können sich weiterbilden oder aber Fehler selbst erkennen, wenn der Punkt des nicht mehr Weiterkommens erreicht ist. Durch Trainingsanleitungen und Trainingsmethoden hilft der Autor den Spielern zum Selbsterlernen dieser faszinierenden Billardvariante. Der Autor, als einer der besten Spieler in Deutschland bekannt, hat dieses Wissen in über 10 Jahren gesammelt und durch seine Aufenthalte in der Pool-Hochburg Amerika ergänzt. Erstmalig gibt ein aktiver Spieler in Deutschland seine Tipps und Tricks durch ein vollständiges Buch weiter.

Billardfachbücher & DVD's aus dem Litho-Verlag

www.billardbuch.de

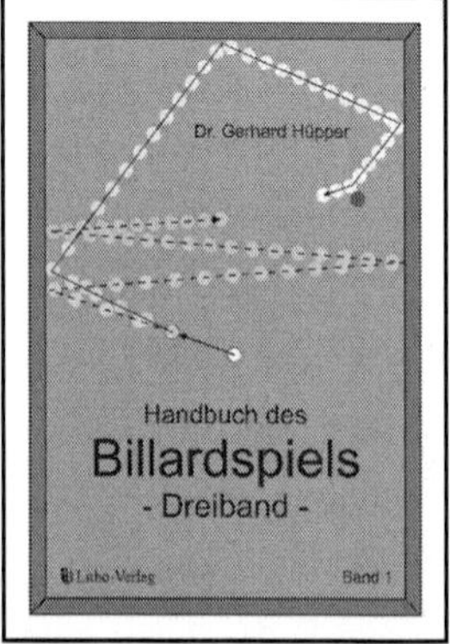

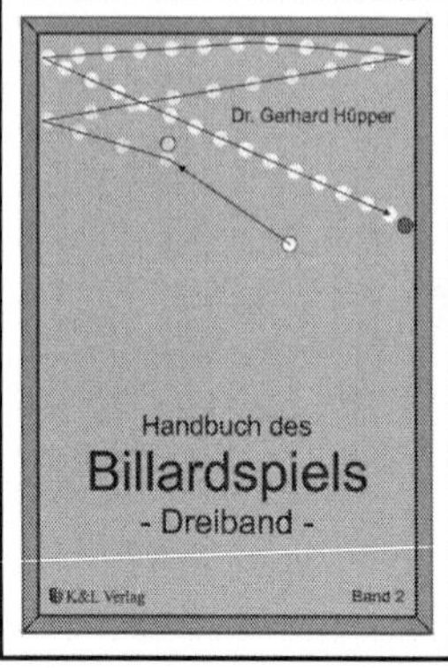

Dr. Gerhard Hüpper

Handbuch des Billardspiels - Dreiband

Band 1: 280 Seiten • 35,00 Euro
Format: 19x26,5 cm
ISBN 3-9804706-2-8
3. Auflage 2005

Band 2: 264 Seiten • 35,00 Euro
Format: 19x26,5 cm
ISBN 3-9804706-3-6
1. Auflage 2002

Dreiband ist die höchste Kunst im Karambolagebillard. Drei Kugeln nacheinander zu treffen und dabei drei Banden zu berühren, zählt zu den schwierigsten Billarddisziplinen überhaupt. Sport, Kunst und Physik treffen hier in eindrucksvoller Weise aufeinander und dieses Buch zeigt es in Worten und Abbildungen.

Das vorliegende zweibändige Werk stellt die umfassendste Veröffentlichung über Dreiband-Billard dar, die bisher erschienen ist. Es behandelt eingehend alle Bereiche des Spiels, illustriert durch insgesamt mehr als 1.700 Abbildungen.

In Band 1 werden die Grundlagen besprochen:

Wahl des richtigen Lösungsweges – Stoßvorbereitung – Stoßausführung und Stoßarten – Genaues Zielen – Richtiges Tempo – Physikalische Prinzipien. Der Hauptteil, nach Dessingruppen geordnet, erörtert die vielfältigen Lösungsmöglichkeiten im einzelnen.

Band 2 befasst sich mit speziellen Problemen:

Kontervermeidung – Längen und Kürzen – Mehrfachchancen – Sensible Stöße – Technische Fragen – Training – Tische und Queues. Es folgt eine ausführliche Darstellung der Sportpsychologie unter billardspezifischen Aspekten. Sodann wird das Thema Angriff und Verteidigung (Spiel auf Fortsetzung und/oder Abwehr) abgehandelt. Der letzte, besonders umfangreiche Abschnitt ist den Möglichkeiten der Berechnung beim Dreiband, dem so genannten Systemspiel, gewidmet: Zahlreiche Diamantsysteme, Ballsystem, Ball-Bande-System.

Das Buch ist in Anbetracht der großen Informationsmenge und der teilweise tiefer gehenden Analysen nicht nur für Anfänger sondern insbesondere auch für Fortgeschrittene gedacht. Es eignet sich gut für Trainingszwecke und als Nachschlagewerk. Ratschläge werden, bei Berücksichtigung unterschiedlicher Spielstärken der Leser, differenziert gegeben. Im Vordergrund steht die Frage, wie man die jeweilige Aufgabe möglichst zuverlässig löst und auf welche Weise Positionsspiel und Systeme helfen können, seine Ergebnisse deutlich zu verbessern.

Ein besonderes Anliegen war es, dem Spieler zu vermitteln, wie und warum etwas auf dem Billardtisch geschieht. Man könnte sich zum Beispiel bei der Behandlung von Systemen darauf beschränken, Zahlen auswendig zu lernen, wird dann aber keine hervorragenden Ergebnisse erzielen, weil jede Änderung der Verhältnisse den Spieler ratlos lässt. Es sollte ein tieferes Verständnis geweckt werden, wobei die Vermittlung grundlegender Kenntnisse der Reaktionen von Bällen und Banden als Voraussetzung dient. Die Freude, welche man aus sportlicher oder künstlerischer Betätigung gewinnt, ist nicht allein abhängig vom Grad des instinktiven Könnens. Auch als Zuschauer wird man beim Erleben eines Top-Ereignisses um so größeren Genuss haben, je mehr man von der Sache versteht.

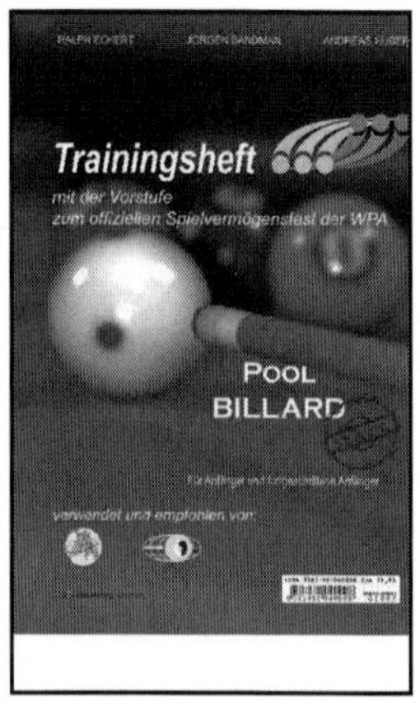

Eckert / Sandmann / Huber

Trainingsheft PAT-Start

ISBN Print: 978-3-9810400-9-8
ISBN ebook: 978-3-9811713-0-3

Format: DIN A4 21x30 cm

60 Seiten farbig

Spiralbindung

Ladenverkaufspreis: 9,99 € inkl. 7% MwSt.

Mit PAT-Start hat das Playing Ability Test-System (Spielvermögenstest) eine völlig neue Grundlage erhalten um Freizeitspieler und Anfänger zu einem systematischen Training zu geleiten und auch ihr Spielvermögen und Potenzial einzustufen. Mit diesem Trainingsbuch werden Übungen gezeigt, die speziell für den Anfänger und Fortgeschrittenen konzipiert wurden und damit die Vorstufe für den offiziellen Spielvermögenstest des Weltverbandes bilden. Auf 60 Seiten mit Spiralbindung werden alle Übungen in Farbe und mit speziell für die PAT-Reihe entwickelten Symbolen schnell und einfach erklärt.

Eckert / Sandmann / Huber

PAT Trainingshefte 1, 2 & 3

Der Playing Ability Test, kurz PAT, ist ein Spielvermögenstest für den Billardsport, der es ermöglicht Training und Leistungskontrolle zu verbinden. Neben einer Vielzahl von Trainingsübungen kann der Übende durch regelmäßige Leistungskontrollen seinen PAT-Level abprüfen lassen. Nach erreichen bestimmter Punktzahlen erhält man, wie in den asiatischen Kampfsportarten, Leistungsabzeichen, die für einen entsprechenden spielerischen Level stehen. Um zum Training zu ermuntern kann man, auf freiwilliger Basis, seine Prüfungsergebnisse in eine Rangliste eintragen lassen. Damit ist ein weltweiter Vergleich möglich (siehe www.pat-billiard.com). Dies hat auch der Welt- (WPA) und der Europaverband (EPBF) erkannt und nutzt den PAT-Test als offizielles Kriterium um Nationen und Regionen vergleichbar machen zu können, oder aber einfach Talente schneller zu sichten und zu fördern. Der PAT-Test eignet sich auch für Verbände und Vereine, als hervorragendes Kriterium um das Entwicklungsniveau von Spielern im Einzelnen oder als Gruppe über die Zeit zu verfolgen und zu dokumentieren. Die acht Stufen des PAT-Systems sind in drei Arbeitsbüchern erschienen.

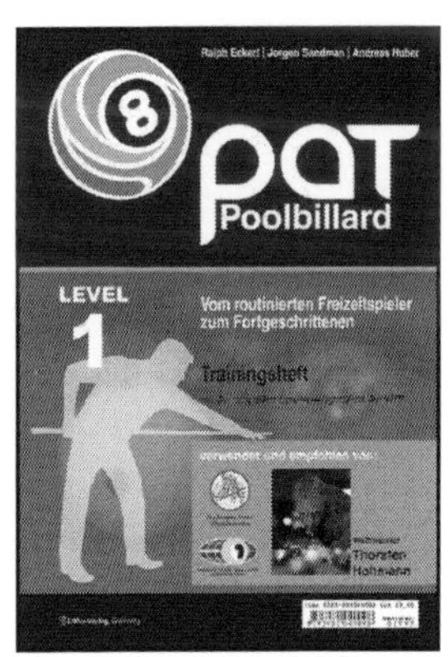

Trainingsheft PAT-1

ISBN print: 9783-9810400-5-0
ISBN ebook: 978-3-941484-61-0

Format: DIN A4 21x30 cm

60 Seiten farbig

Spiralbindung

Ladenverkaufspreis: 26,00 € inkl. 7% MwSt.

Trainingsheft PAT-2

Billardfachbücher & DVD's aus dem Litho-Verlag

www.billardbuch.de

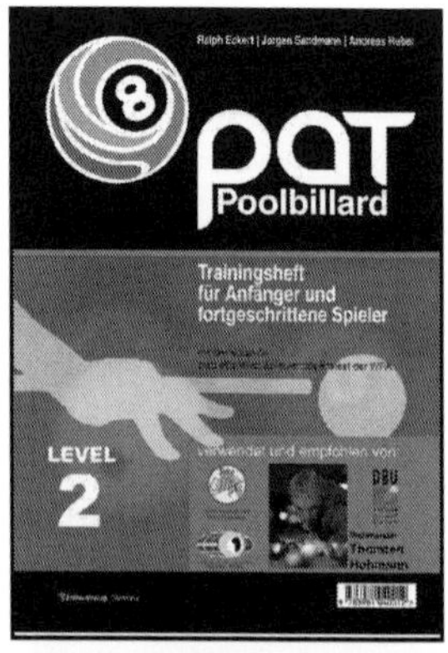

ISBN print: 9783-9810400-6-7
ISBN ebook: 978-3-941484-62-7

Format: DIN A4 21x30 cm

72 Seiten s/w

Spiralbindung

Ladenverkaufspreis: 26,00 € inkl. 7% MwSt.

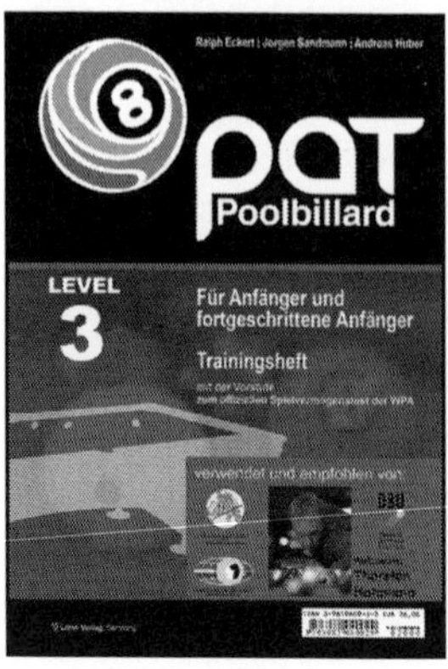

Trainingsheft PAT-3

ISBN print: 9783-9810400-7-4
ISBN ebook: 978-3-941484-63-4

Format: DIN A4 21x30 cm

77 Seiten s/w

Spiralbindung

Ladenverkaufspreis: 26,00 € inkl. 7% MwSt.

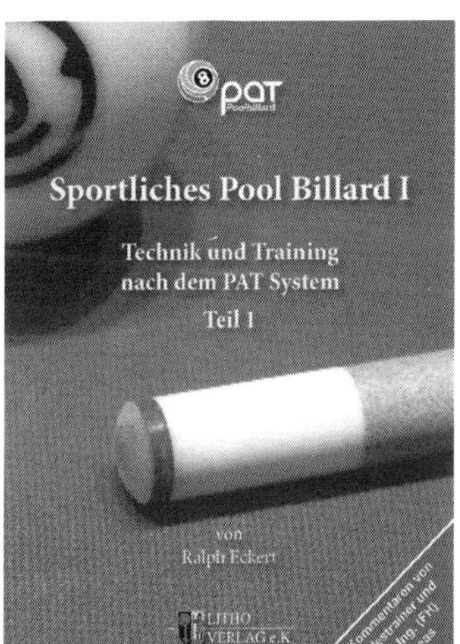

Sportliches Pool Billard I

Technik und Training nach dem PAT-System

Autor Eckert, Ralph

ISBN print: 978-3-9810400-8-1

Auflage 1. Auflage, Aufl.

EUR(D) 14,95

Seitenanzahl 176 Seiten

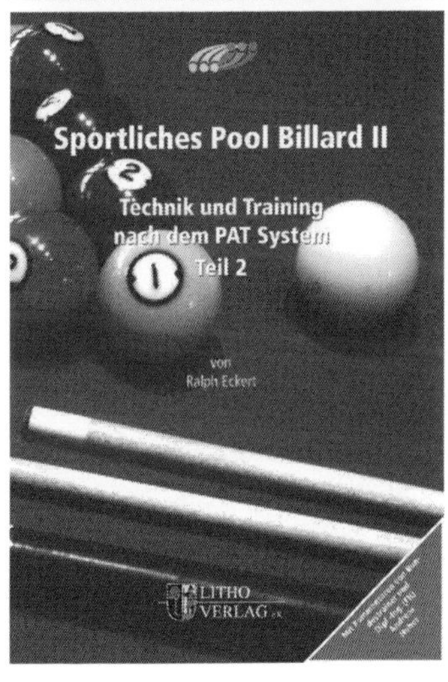

Sportliches Pool Billard II

Technik und Training nach dem PAT System Teil 2

Autor Eckert, Ralph

ISBN print: 978-3-9811713-2-7

Auflage 1. Auflage, Aufl.

EUR(D) 17,95

Seitenanzahl 240 Seiten

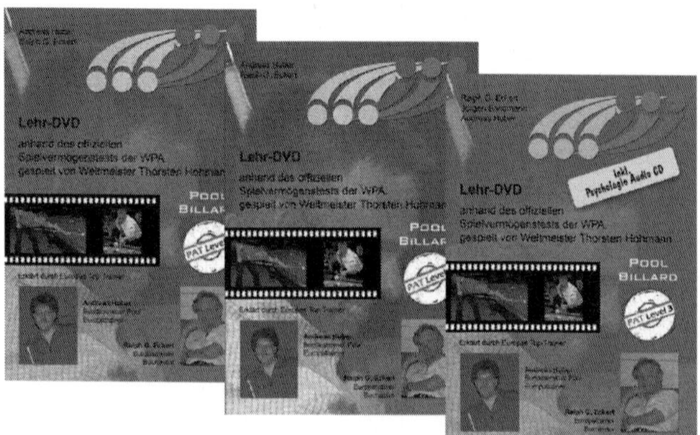

Eckert / Sandmann / Huber

PAT Trainings-DVD 1, 2 & 3

Anschaulich wird von Ralph Eckert (Buchautor und Europatrainer der EPBF) und Andreas Huber (Dt. Pool und Bundestrainer, Europatrainer & DSF Kommentator) anhand des PAT-Systems der Weg zum Billardsport erklärt.

Der Deutsch Spitzenspieler Thorsten Hohmann (Weltmeister 2003, zigfacher Deutscher- und Europameister), spielt dabei jede Übung des Tests. Diese werden von Eckert und Huber detailliert erklärt und entlang des Testprogramms, ein ganzheitlicher Weg aufgezeigt, wie man das Spiel mit den Kugeln leicht erlernen oder technisch enorm verbessern kann! Instruktionen aus dem Hochleistungssport und lassen sich zeigen, wie Sie mit einfachen Mitteln auch im Freizeitbereich besser und erfolgreichen Pool Billard spielen können.

Teil1: 145 min 34,95 €

Teil2: 165 min 34,95 €

Teil3: 165 min 34.95 €

Billardfachbücher & DVD's aus dem Litho-Verlag
www.billardbuch.de

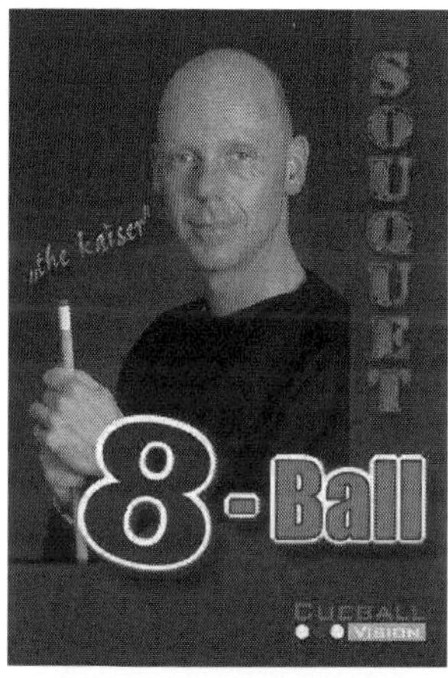

Ralf Souquet 8-Ball

Der 8-Weltmeister von 2008 und World Games Sieger von 2009 zeigt in diesem Video seine 8-Ball Tricks. Kommentiert und bespricht seine Spielzüge mit dem Bundestrainer Andreas Huber.

Ein muss für jeden Fan des „Kaisers"

Länge: 72 min kopiergeschützt

Sprache: Deutsch

uvp. 29,95 Euro

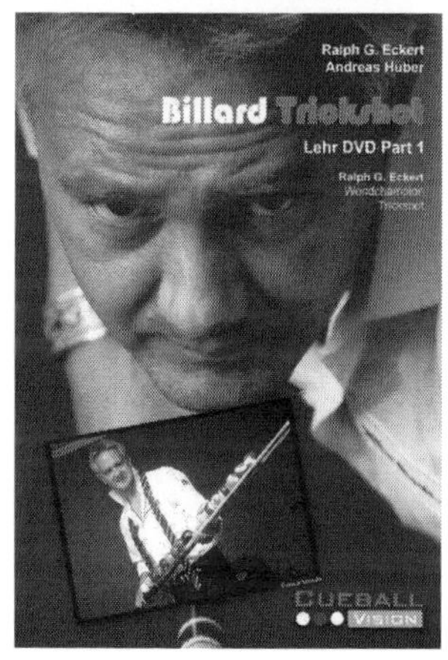

Pool Billard Trickshot Training mit Ralph G. Eckert

Die Gesetze der Physik scheinen ausser Kraft zu sein, wenn der sympathische Billardprofi die Zuschauer in seinen Bann zieht. Lassen auch Sie sich durch diese Lehr DVD inspirieren und verblüffen Sie schon nach kurzer Übungszeit Ihre Freunde...

Format: PAL-DVD + Deutsches Cover

Sprache: Deutsch

Laufzeit: ca. 80 min. Kopiergeschützt

uvp: 29,95 Euro

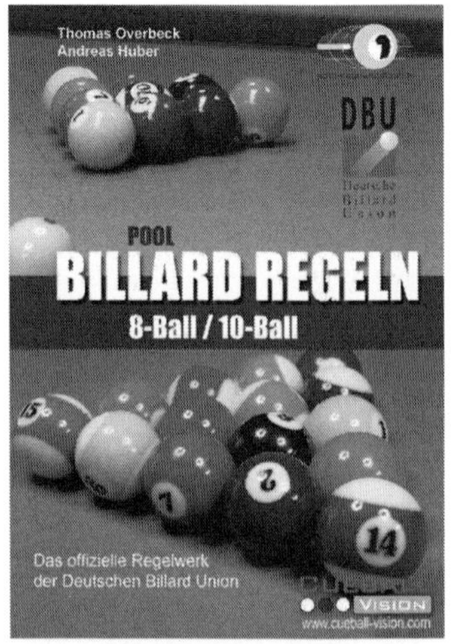

Billard Regeln 8-Ball / 10-Ball

Was ist Ball in Hand? Die 8 letztes Loch? Oder gegenüber? Wann ist das Spiel verloren? Zwei Kugeln in einen Loch, ist eine oder zwei gefallen? Diese und viele anderen Fragen, bekommen Sie „Situationen gespielt erklärt „ so das die Regel jeder verstehen und nachlesen bzw. nachschauen kann. Hier wurde ein Werk geschaffen, das seines gleichen finden muss und weltweit einzigartig ist.

uvp: 14,95 Euro

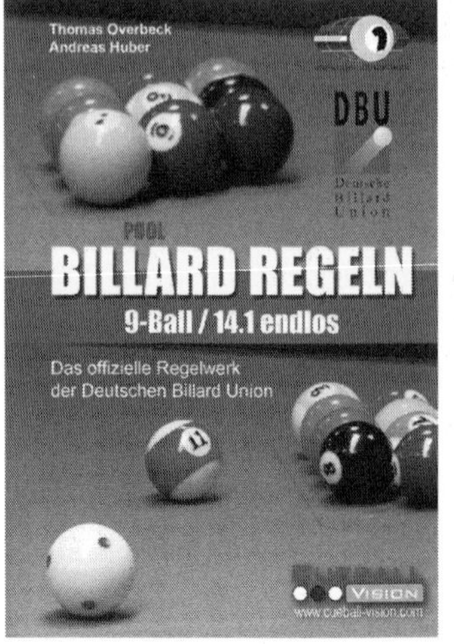

Billard Regeln 9-Ball / 14/1

Wie spielt man eigentlich Pool-Billard? Diese und andere Fragen beantwortet Thomas Overbeck (WPA Vice President / Sports Director WCBS Board Member) anhand der offiziellen Sportregeln des Weltverbandes WPA (World Pool-Billiard Association) unterstützt wird er von Andreas Huber (Deutscher Bundestrainer) Die Spielszenen und Veranschaulichungen steuert der Bundesschiedsrichterobmann u. Trainer Daniel Alvarez, sowie Andreas Huber bei.

uvp: 14,95 Euro

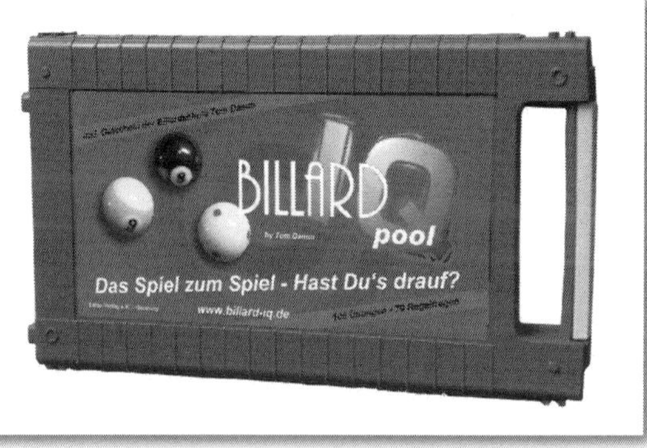

Billard IQ - Das Spiel zum Spiel

Hast du's drauf? Bist du Regel-, Positionsfest und treffsicher? Find es heraus mit dem neuen Spiel

Billard IQ, entwickelt von der Billardschule Tom Damm und Carsten Kenzler.

Billard-IQ ist ein Trainingsspiel und geeignet für alle Spieler und Leistungsstufen.

70 Regelfragen und je 54 Positions- und Lochübungen werden per Würfel von einem Spieler gewählt. Es gilt die gestellte Aufgabe auf den Karten zu erfüllen und die Punkte dafür dem eigenen Spielstand gutzuschreiben. Schwere Aufgaben haben eine höhere Wertung als einfachere Aufgaben. Um bestehende Leistungsunterschiede der Spieler auszugleichen, kann man noch weitere Faktoren einfügen und die schwächeren Spieler mit einem Verdopplungsfaktor ausstatten. So bleibt es auch für stärkere Spieler immer interessant.

Man kann Billard IQ alleine oder in größeren Gruppen spielen. Es sorgt für Spaß und Unterhaltung und ist eine völlig neue Form des Trainings, nämlich mit einem hohen Spaßfaktor.

uvp: 39,90 EUR